21,00
A8

Manuel López Poy

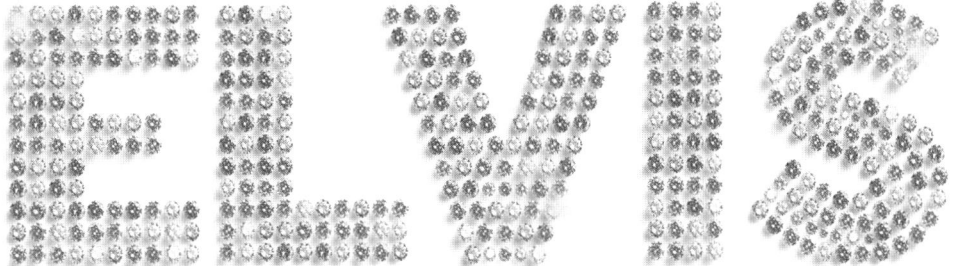

EL HOMBRE Y EL MITO

© 2022, Manuel López Poy
© 2022, Redbook Ediciones, s. l., Barcelona
Diseño de cubierta: Daniel Domínguez
Diseño de interior: Regina Richling
Fotografías interiores: Wikimedia Commons / APG images

Todas las imágenes son © de sus respectivos propietarios y se han incluido a modo de complemento para ilustrar el contenido del texto y/o situarlo en su contexto histórico o artístico. Aunque se ha realizado un trabajo exhaustivo para obtener el permiso de cada autor antes de su publicación, el editor quiere pedir disculpas en el caso de que no se hubiera obtenido alguna fuente y se compromete a corregir cualquier omisión en futuras ediciones.

ISBN: 978-84-18703-35-5
Depósito legal: B-11.148-2022

Impreso por Sagrafic, Passatge Carsi 6, 08025 Barcelona
Impreso en España - *Printed in Spain*

«Cualquier forma de reproducción, distribución, comunicación pública o transformación de esta obra solo puede ser realizada con la autorización de sus titulares, salvo excepción prevista por la ley. Diríjase a CEDRO (Centro Español de Derechos Reprográficos, www.cedro.org) si necesita fotocopiar o escanear algún fragmento de esta obra.»

ÍNDICE

Introducción 8
Un hijo de la clase obrera 11
Con él llegó el escándalo 29
La coronación del rey 51
Un año en la cumbre 73
Marcando el paso 87
Luces de Hollywood 97
Living Las Vegas 127
Más dura será la caída 147
A su imagen y semejanza 171
Elvis, marca registrada 191
Repertorio básico, películas y documentales 205
Bibliografía 221

INTRODUCCIÓN

Tres grunges en Sun Records

En el verano de 1991 tuve la oportunidad de visitar los estudios de Sun Records, en Memphis, donde fui testigo de una extraña ceremonia. Allí, en la misma sala donde en julio de 1954 un chaval de diecinueve años llamado Elvis Presley grabó la canción que le llevaría a convertirse en el Rey del Rock, tuve un encuentro con la historia, aunque quizá sea más justo calificarlo de encontronazo. Mientras admiraba con mi amigo Biri aquel simple estudio de grabación que se mantenía en el mismo estado que 37 años antes, o al menos eso ponían los carteles, alguien comenzó a cantar a nuestras espaldas. Cuando me di la vuelta no podía dar crédito a lo que veía: tres adolescentes *grunges* estaban cantando a capela «That's All Right», con el mismo arrobamiento que unos jóvenes monjes medievales cantarían un tedeum. En la charla posterior descubrimos que acababan de llegar de Seattle –¿de dónde si no?– para visitar el sitio en el que sus padres les habían dicho que había comenzado todo, el lugar del que partía el camino por el que ahora transitaba su admirado gurú, Kurt Cobain. Aquel día descubrí dos cosas: que el rock & roll es la música folclórica de los Estados Unidos, y que Elvis era algo más que el manoseado título de «El Rey del Rock».

Cuando me hicieron la proposición de escribir un libro biográfico sobre Elvis –y yo tuve la osadía de aceptarla– lo primero que recordé fue aquella escena... y lo segundo fue darme cuenta del jaleo en el que me había metido. De Elvis se han escrito toneladas de páginas, cientos de libros y biografías como la de Peter Guralnick, que no dejan nada por contar. Pretender a estas alturas tratar de aportar alguna novedad, sería propio de un iluso y a mí, parafraseando a la Cabra Mecánica, ya casi no me quedan ni ilusiones, así que el único modo de afrontar este trabajo ha sido el de tratar de aportar una información equilibrada sobre el personaje y su obra, y arroparla en su contexto histórico para ayudar a entender –a quien quiera hacerlo– cómo un chaval que nació en una miserable cabaña del empobrecido sur de los Estados Unidos llegó a convertirse en un icono cultural universal en sólo 42 años.

Elvis encarna a la perfección el estereotipo del mito norteamericano del hombre hecho a sí mismo, del ciudadano nacido en la pobreza que acaba llegando a lo más alto de la escala social, aunque en su caso hay que reconocer que la escalera para ese ascenso la llevaba a su espalda su eterno mánager, el inefable coronel Parker, que dicho sea de paso, ni era coronel, ni era Parker. Su amigo de la infancia y legendario comunicador musical, George Klein, lo resumió perfectamente en una simple frase: «Estados Unidos tuvo 44 presidentes pero sólo un rey». Pero Presley también es un perfecto ejemplo del buen chico que acabó convertido en un juguete roto intentando cumplir sus sueños. Su vida fue una historia de lujo, ostentación, admiración, excesos y momentos de gloria. Pero también es el relato de la manipulación, el desasosiego, la insatisfacción y la autodestrucción de un ser humano al que convirtieron en una rentable mercancía y empujaron a la cima del éxito a toda costa.

Dijeron de él que era el más grande, el mayor icono cultural del siglo XX, un ejemplo para la nación y un modelo para la juventud. Pero también le acusaron de apropiarse de la música ajena, de no ser más que un cantante resultón y un fantoche enganchado a las pastillas. Johnny Carson dijo un día en su programa: «Si la vida fuese justa, Elvis estaría vivo y todos los imitadores estarían muertos». Pero la vida nunca es justa y todos, Elvis incluido, caminamos por ella arrastrando nuestras grandes miserias y nuestras pequeñas grandezas. Por todo eso, al final he tratado de aproximarme a Elvis Presley con el mismo respeto que demostraron aquellos *grunges* de Sun Records y con la misma ilusión y admiración que sentía al escucharlo con mi hermano en mi primera cinta de casete, mientras intentábamos hacernos un tupé frente al espejo del baño de casa.

Dedicado al viejo tupé de mi hermano.

Elvis Aaron Presley vino a parar al mundo en el seno de una familia de blancos pobres, en una pequeña ciudad del norte de Misisipi, durante la Gran Depresión que sumió en la miseria a la población de los Estados Unidos. Sus primeros años estuvieron marcados por las estrecheces económicas, con una madre sobreprotectora y un padre acorralado por la precariedad, con los que se trasladó a una zona de viviendas sociales de Memphis, en la que compartió vecindad e influencia musical con la población afroamericana.

> «No sabía lo que quería hacer cuando era niño. Pero solía rezarle a Dios para que algún día llegara a algo. Nunca soñé que pasaría algo así.»
> **Elvis Presley**

UN HIJO DE LA CLASE OBRERA

«En Tupelo se escuchaban las músicas que inspirarían al futuro Rey del Rock 'n' roll: el góspel y los cantos religiosos de las iglesias, el blues de los garitos de los afroamericanos y el country de las fiestas de los blancos.»

Vernon y Gladys Presley hacia 1950.

El 17 de junio de 1933 Gladys Love Smith y Vernon Elvis Presley, dos jóvenes de la ciudad de Tupelo, contraían matrimonio, de forma casi furtiva, en el juzgado del condado de Pontotoc, Misisipi. Ella tenía veintiún años y él diecisiete, pero ambos alteraron sus edades, afirmando tener diecinueve y veintiuno, respectivamente, para poder casarse. Esa diferencia de edad era la principal razón de que ambos se hubiesen fugado de Tupelo y hubiesen recorrido 25 kilómetros para legalizar su unión. Como por todo capital tenían sólo sus ganas de casarse, tuvieron que pedir prestados los tres dólares que costaba la licencia del juzgado a unos amigos, con los que pasaron los primeros días de casados, hasta que Vernon pudo construir, con ayuda de su padre y de su hermano, una barraca al lado de la casa de sus padres. Por entonces, el país estaba sumido en la Gran Depresión y pugnaba por salir de la peor crisis de su historia, en Chicago se inauguraba la Century of Progress World's Fair (Feria Mundial del Siglo del Progreso), y se ponía fin a trece años de Ley Seca, que tuvieron como principal resultado la consolidación de la mafia, que ganó millones de dólares mediante la fabricación y el tráfico clandestino de bebidas alcohólicas, con la consiguiente expansión de la corrupción de políticos, funcionarios y policías encargados de hacer cumplir la ley. El nuevo presidente de los Estados Unidos, Franklin D. Roosevelt, acababa de hacer un llamamiento al optimismo y a la autoconfianza con la proclama de su toma de posesión: «A lo único que tenemos que temer es al miedo mismo», mientras ponía en marcha su programa de recuperación económica conocido como New Deal, que sacaría al país del caos económico y social, pero que aún tardaría seis años en dar sus frutos definitivos.

Los duros años de la Gran Depresión

El año en el que se casaron los padres de Elvis, el desempleo afectaba directamente a uno de cada cuatro estadounidenses. Uno de ellos era Vernon Presley, que antes de alcanzar la mayoría de edad tenía ya un largo currículum como trabajador manual a sus espaldas. Había sido aparcero recogiendo algodón, maíz y soja, había cuidado cerdos, cavado zanjas y limpiado establos en las granjas. Durante los primeros años de la Gran Depresión había trabajado en la WPA (Works Progress Administration), la agencia estatal creada por el gobierno de Herbert Hoover, que empleó a millones de estadounidenses en puestos de trabajo temporal en obras públicas para tratar de mitigar las brutales cifras de paro. Era un joven taciturno y apocado, perteneciente a una familia de labradores que se había instalado en East Tupelo, un suburbio de la ciudad. Gladys había trabajado desde los diecinueve años como costurera en una fábrica textil para ayudar a su madre enferma a sacar adelante a sus nueve hijos tras la muerte de su marido. Era una mujer enérgica, resuelta y ambiciosa, y ninguno de sus vecinos tenía ninguna duda de que era ella la que llevaba los pantalones, como se decía por entonces, en casa de los Presley.

Tupelo era por entonces una ciudad asolada por la crisis económica, que había obligado a echar el cierre a la mayoría de las fábricas textiles que sustentaban la economía local. En los días en que Gladys y Vernon montaron su hogar, era un lugar triste, en el que todo el mundo recordaba todavía el paso por la ciudad del célebre bandido George Kelly Barnes, más conocido como Machine Gun Kelly a causa de la soltura con la que manejaba la metralleta Thompson, y que en noviembre del 32 había asaltado el Citizen's State Bank llevándose un botín de 38.000 dólares. La vida cotidiana se arrastraba de forma monótona, sin más diversiones que los oficios religiosos, algún baile de granero en las afueras y algún *juke joint* donde se reunían los negros y que a un blanco, aunque fuese tan pobre como los Presley, no se le hubiese ocurrido pisar. Aunque la crisis económica había hermanado en la miseria a ciudadanos de ambas razas, aquélla era una sociedad segregada y aún faltaban muchas décadas para que dejase de serlo. En los dos ámbitos se escuchaban las músicas que inspirarían al futuro Rey del Rock 'n' roll: el góspel y los cantos religiosos de las iglesias, el blues de los garitos de los afroamericanos y el country de las fiestas de los blancos.

El 8 de enero de 1935, Gladys se puso de parto de dos niños gemelos. Si el embarazo había sido complicado, en el momento de dar a luz las cosas se torcieron todavía más. En el primer momento fue atendida por su suegra, Minnie, y por una comadrona, pero en vista de las complicaciones llamaron al doctor, un individuo de sesenta y ocho años que llegó a tiempo de sacar al primer niño, que nació muerto. Media hora después nacía el segundo niño, al que bautizaron como Elvis Aaron. Su hermano muerto, al que llamaron Jesse Garon, fue enterrado en el cementerio de Princeville, un lugar al que Elvis acudiría numerosas veces a lo largo de su infancia en compañía de su madre, para llevarle flores a aquel hermano gemelo que sería una referencia constante a lo largo de la vida del cantante. Aquella desgracia unió de una forma especial a la familia, especialmente a Gladys y a Elvis, estableciendo unos sólidos lazos de interdependencia que no se desharían nunca, o como lo expresó Peter Guralnick en el prólogo del primer tomo de su indispensable biografía, *Último tren a Memphis:* «Los Presley daban la impresión, tanto a sus parientes como a sus vecinos, de vivir encerrados en su propio mundo».

Los primeros años de la familia Presley fueron muy duros. La vivienda era una *shotgun house*, el nombre que recibían las habituales casas de los pobres en la Gran Depresión. Consistía en dos habitaciones, una delante de la otra, de una anchura de unos tres metros y medio. No tenía luz eléctrica ni lavabo, sino una letrina en la parte de atrás, y estaba hipotecada por un préstamo que habían pedido para construirla a un granjero con el que Vernon trabajaba de cuando en cuando. De hecho, al padre de Elvis no le duraba mucho ningún empleo y la familia sobrevivía muchas veces gracias a la ayuda de los parientes, los vecinos y los servicios sociales del gobierno. En septiembre de 1937, cuando el futuro cantante tenía poco más de dos años, las cosas se complican todavía más al ser acusado Vernon de falsificación de documento al manipular y cobrar un cheque de cuatro dólares que le había entregado el granjero acreedor por la venta de un cerdo. Seis meses después fue condenado a tres años de cárcel en la siniestra penitenciaría de Parchman Farm, una de las más duras de los estados del Sur, y que acabaría pasando a la historia por haber albergado a un buen número de *bluesman* famosos, entre ellos, Bukka White, Son House y R.L. Burnside. A pesar de que sólo cumplió ocho meses de condena, aquello tuvo catastróficas consecuencias para la familia. Los Presley acabaron por perder su vivienda y Gladys y el pequeño tuvieron que irse a vivir con los padres de Vernon primero y con unos primos después.

Fue una mala época para la madre de Elvis, que comenzó a vivir en un estado de permanente zozobra, incluso después de que soltaran a su marido, en febrero de 1939. Todo aquello incrementó todavía más la sensación de aislamiento familiar e influyó bastante en el hecho de que Elvis desarrollase un carácter reservado y poco sociable y se refugiara en su propio mundo interior.

Elvis y su madre, lazos imperecederos.

Según confesó él mismo en su discurso de aceptación del Premio Diez Jóvenes Sobresalientes de la Nación, pronunciado en 1971, era un chaval imaginativo y fantasioso: «Cuando era niño era un soñador. Leí cómics y yo era el héroe del cómic. Vi películas y yo era el héroe de la película. Así que cada sueño que soñé se ha hecho realidad cien veces». La música no era en absoluto ajena al entorno del pequeño Presley. Vernon tenía buena voz para cantar temas tradicionales y Gladys era muy aficionada a los himnos religiosos. El pequeño Elvis comenzó a mostrar sus inclinaciones musicales prácticamente desde que dio sus primeros pasos. Su madre contaba que con poco más de dos años, cuando estaban en la iglesia, Elvis se bajaba de su regazo y se escapaba hacia donde estaba el coro para unirse a ellos, aunque no pudiese hacer más que balbucear. En septiembre de 1941 comienza a asistir a la East Tupelo Consolidated School, donde comienza a cantar en el coro de niños de la escuela.

> **UN DEBUTANTE PRECOZ**
>
> El 3 de octubre de 1945, un Elvis de sólo diez años cantó por primera vez en público durante un concurso musical infantil celebrado en el Misisipi-Alabama Fair and Dairy Show, una feria agrícola de Tupelo, al que acudió animado por una de sus maestras que le había escuchado cantar en los oficios religiosos. Subido a una silla, para poder alcanzar el micrófono, y ataviado como un vaquero, interpretó «Old Shep», un tema compuesto por la estrella del country, Red Foley, con letra de Arthur Willis, que se había editado por primera vez el mismo año del nacimiento de Presley, pero se había puesto de moda en 1941. La canción estaba dedicada a un perro de Foley que había sido envenenado por un vecino y la interpretación de Elvis mereció un discreto quinto puesto. Once años después, el 26 de septiembre de 1956, volvería a actuar en ese mismo evento, convertido ya en una meteórica estrella del rock 'n' roll.

Un chaval tímido y formal

En el colegio no destacaba especialmente en nada y sus profesores le calificaron siempre como «un niño normal», incluso un tanto marginado, tal y como reconocería él mismo más tarde: «No era popular en la escuela. No estaba saliendo con nadie. En el undécimo grado me inscribieron en otro concurso de talentos. Salí e hice dos canciones y escuché a la gente retumbar y susurrar. Me sorprendió lo popular que fui después de eso». A pesar de esa incipiente popularidad, el pequeño Elvis siguió encerrado en su propio mundo, un aislamiento al que contribuía su sobreprotectora madre, como siempre recordó el artista, tal y como recoge Peter Guralnick en su biografía: «Mi mamá nunca me perdió de vista. No podía bajar al arroyo con otros niños. A veces, cuando era pequeño, solía escaparme. Mamá me azotaba y yo pensaba que no me quería». Creció pegado a las faldas de su madre, con la que tenía una relación de fuerte dependencia. Gladys vivía siempre con un miedo atroz a que su hijo pudiese sufrir algún percance, e incluso trataba de impedir que se alejase de su casa para ira a jugar con otros niños, como recuerda Guy Harris, su amigo y vecino de la infancia, que en una entrevista concedida a la página oficial del club de fans de Elvis en Australia, matiza que por entonces el futuro Rey del Rock no tenía ningún rasgo sobresaliente e insiste, como sus profesores, en que era un niño absolutamente normal: «Nada destacaba en Elvis. No había nadie más sorprendido que yo cuando hizo lo que hizo. Elvis no era diferente del resto de nosotros, en aquel entonces. Íbamos a nadar juntos al arroyo, simplemente pasábamos el rato, como hacen los niños. No había mucho que hacer, creciendo en Tupelo».

Con la entrada de los Estados Unidos en la Segunda Guerra Mundial se produce un proceso de reactivación económica en todo el país, con la industria volcada en el esfuerzo bélico y la agricultura a pleno rendimiento para apoyar a los países aliados, que tenían prácticamente paralizada su economía. Vernon encuentra trabajo en una fábrica de municiones en Memphis y consigue ahorrar lo suficiente para comprar una casa nueva y dejar de vivir con sus familiares. Con el final de la guerra empieza a extenderse el espíritu del *American way of life*, el optimista estilo de vida norteamericano que trae consigo también una ola de conservadurismo y aparente progreso económico, aunque la realidad de la posguerra acabará imponiéndose con dureza y la inflación y la conflictividad laboral se dispararían en los años siguientes. En esa época la familia Presley mejora su situación económica y social y Vernon se convierte en diácono de la iglesia de la Primera Asamblea de Dios, en cuyo coro canta habitualmente el pequeño Elvis, que creció en un ambiente muy religioso. Su madre le llevaba a todo tipo de campañas y reuniones evangélicas, tanto en Tupelo como en los primeros años en Memphis, aunque como recordaría años más tarde James Hamill, que era el predicador de su congregación en esta última ciudad, tampoco en eso destacaba por su especial fervor: «Elvis nunca tuvo especial participación en los cultos. De hecho, no llegó a ser siquiera oficialmente miembro, aunque asistiera como adolescente a las reuniones».

La primera guitarra

El 8 de enero de 1946, día de su undécimo cumpleaños, le regalaron su primera guitarra, cosa que en principio parece que no fue un motivo de alegría, ya que él prefería una bicicleta o un rifle, según las distintas versiones. Su madre no estaba dispuesta a nada de eso por dos razones: la guitarra era bastante más barata y mucho menos peligrosa, así que se lo llevó a la tienda de música Tupelo Hardware Co. donde cuentan que el dependiente, un individuo llamado Forrest Bobo, le convenció con una frase que, de ser cierta, demostraba unas elevadas dotes de clarividencia: «Si aprendes a tocar esta guitarra es posible que algún día llegues a ser famoso». Su tío Vester, que actuaba en fiestas y bares de Tupelo, le enseñó los primeros acordes, pero su verdadero maestro sería un joven pastor evangélico recién llegado a la ciudad, Frank Smith, que le animó a tocar en la iglesia, algo a lo que Presley siempre se mostraba reticente debido a su timidez. La guitarra fue el motivo de marginación en la nueva escuela Milam, a la que comenzó a asistir en sexto grado de primaria y a la que comenzó a llevar su instrumento para cantar durante los almuerzos, algo que le acarreaba las burlas de sus compañeros, que le motejaban de palurdo por cantar canciones hillbilly.

Sin embargo, fue precisamente en la música donde encontró un refugio perfecto y un remedio a su aislamiento. Por entonces la emisora local de radio, la WELO, contaba con un nuevo cantante y *disc-jockey*, Carvel Lee Ausborn, más conocido como Mississippi Slim, que había viajado por todo el país tocando música country y que los sábados montaba un espectáculo de música y humor, el *Singin' and Pickin' Hillbilly*, y un *jamboree*, una reunión de músicos aficionados, que acudían a la emisora para tocar un par de canciones. Elvis, que iba acom-

La leyenda maldita de la primera guitarra de Elvis

En el verano de 1955 Elvis realizó una gira por los estados del Sur y le pidió a su amigo del instituto, Red West, que le acompañara. En el viaje Red aprendió a tocar con el guitarrista de la banda, Scotty Moore, usando la primera guitarra que el cantante había recibido como regalo nueve años antes. Al final de la gira Red se marchó al Jones County Community College en Misisipi, para estudiar con una beca de fútbol y Elvis le regaló un coche usado y la vieja guitarra. Un año más tarde Red le dio el instrumento a su compañero de habitación, Ronnie Williams, abandonó la universidad y regresó a Memphis para trabajar como guardaespaldas de Presley. Williams se convirtió en un prometedor jugador de fútbol americano, pero acabó fracasando a causa de su alcoholismo. En agosto de 1977 llamó a su hermano Bill, le dijo que había tenido un extraño sueño con Elvis y le hizo prometer que si él desapareciera nunca vendería la guitarra, al menos hasta pasados más de veinte años. Pocos días después moría Elvis y tres años más tarde, en uno de sus delirios alcohólicos, Ronnie disparó con un arma desde la ventana de su casa y acabó muerto a balazos en un confuso tiroteo con la policía. Bill se hizo cargo de la guitarra durante años, hasta que en 2011 decidió venderla en la casa de subastas de Guernsey, en Nueva York, y el instrumento acabó finalmente en manos de Larry Moss, un coleccionista de Memphis.

pañado habitualmente por su padre, se convirtió en un asiduo de estas sesiones e hizo nuevas amistades, como James Auborn, un compañero del instituto que además era hermano de Slim y le facilitó a Presley el contacto con el músico, que le enseñó algunas canciones y le programó dos presentaciones radiadas de las que, a pesar de su timidez y sus nervios, salió bastante airoso. A partir de ese momento la música se convierte en toda su vida. En casa escucha el *Opry* –el programa más famoso de música country, que se retransmitía cada semana, y todavía se retransmite, en directo desde un teatro en Opryland, un suburbio de Nashville– y absorbe todas y cada una de las notas de las canciones para luego reproducirlas cantando en solitario.

Pero las dificultades económicas regresan y los Presley tienen que abandonar su casa en East Tupelo, donde gozaban de una respetable posición entre el vecindario, para instalarse en un barrio del centro de la ciudad, donde eran considerados como *white trash,* basura blanca, el apelativo que se daba a los blancos de clase baja que vivían al borde de la indigencia. La familia cambia tanto de domicilio como Vernon de trabajo, siempre en las zonas más empobrecidas, compartiendo vecindario con los afroamericanos del segregado y racista Misisipi. Eso puso a Elvis en contacto directo con la música negra de raíz, el blues y el góspel, que serían las bases fundamentales de su música en el futuro. Penetrar en el barrio negro era una tarea poco menos que imposible para un chaval blanco, pero las noches de fin de semana de primavera y verano el vecindario afroamericano montaba una carpa al aire libre donde realizaban oficios religiosos repletos de una energía musical que atraía al joven Presley como las lámparas de luz a las polillas. La convivencia con sus vecinos negros nunca supuso un problema para los Presley, tal y como recordaría años más tarde el propio Vernon: «Nunca tuvimos prejuicios. Nunca menospreciamos a nadie. Y tampoco lo hizo Elvis». Pero lo que sí tuvieron fue muchos problemas para salir adelante. En el otoño de 1948 las cosas se complicaron hasta extremos insoportables. Según algunos, Vernon fue despedido por usar el camión de la empresa en la que trabajaba para transportar alcohol de contrabando, y según otros fue una víctima de la conflictividad laboral que aquejaba al país por aquellos días. Sea como fuere, la familia decidió poner en marcha su viejo plan de abandonar Tupelo definitivamente.

Una nueva vida en Memphis

En noviembre de 1948 la familia Presley se muda a Memphis, unos 160 kilómetros al norte de Tupelo, al otro lado de la frontera del estado de Tennessee, mientras Harry S. Truman estrenaba su segundo mandato como presidente de los Estados Unidos con promesas de mejoras sociales como un seguro médico nacional y una política de derechos civiles que calificó de prioridad moral para el país. Elvis llegó a Memphis con trece años y la vida urbana puso de nuevo a prueba el carácter del joven, al que al principio le costó adaptarse al frenético ritmo de una urbe que por entonces tenía casi 400.000 habitantes, aunque pronto aprendería a sacarle partido al anonimato que proporcionaba el abandonar su barrio y perderse por la ciudad, especialmente por las proximidades de Beale Street, el corazón del barrio negro, atestado de garitos en los que se escuchaba continuamente el sonido del blues y el rhythm & blues. En febrero del año siguiente al de su llegada, Vernon consiguió trabajo en una fábrica de pintura, la United Paint Company, una buena noticia que se redondeó cuando siete meses después el Departamento de Vivienda de Memphis les concedió una vivienda social y la familia se instaló en Lauderdale Courts, un barrio de nueva creación, con alquileres baratos, en el que vivían muchas familias blancas de clase baja que habían llegado a la ciudad en los días de la Segunda Guerra Mundial y que ahora, en la posguerra comenzaban a soñar, igual que los Presley, con una vida mejor. Se instalaron en el apartamento 328 del número 185 de la calle Winchester, donde Elvis y sus padres vivieron hasta enero de 1953.

En realidad, la vida de la familia sigue siendo dura. En el barrio de los Courts campan la miseria y la violencia. Cientos de familias se aferran a la posibilidad que les ofrecen esas viviendas sociales, aunque estén en unas condiciones que distan de ser las ideales para una habitabilidad decente. Frente a la adversidad, los Presley siguen siendo una piña, siguen viviendo en su propio mundo, aislados del resto, pero manteniendo unas correctas relaciones sociales. Gladys seguía tratando a su hijo con una exagerada sobreprotección, acompañándole incluso durante parte del camino a la escuela secundaria LC Humes, donde Elvis descubre un nuevo universo de chicos de barrio con ínfulas de tipos duros. Sigue siendo el mismo chico «normal», tímido y retraído, aunque pronto comienza a gozar de cierta popularidad gracias a su voz y su guitarra. Su aceptación por parte de los compañeros aumenta al día que se presenta a un concurso de talentos estudiantiles y lo gana. A pesar de su miedo escénico, sólo se siente verdaderamente seguro de sí mismo cuando canta. Poco a poco va ensanchando su círculo social y pronto tiene un grupo de amigos, vecinos de su bloque de viviendas. Son Evan *Buzzy* Forbes, Paul Dougher y Farley Guy. Se convirtieron en inseparables. Iban al centro a escuchar a los músicos callejeros, paseaban junto al río Misisipi y se ofrecían como cuadrilla para hacer trabajos en el barrio. De vez en cuando Elvis los entretenía con sus canciones, aunque en esa época no demostró un gran interés por la música ni alardeó de sus experiencia en el *jamboree* de Tupelo, según recordaba Buzzy en las numerosas entrevistas que le hicieron cuando su viejo camarada se convirtió en el Rey del Rock.

UN NIDO DE ROCKEROS

Lauderdale Courts, el barrio de viviendas sociales de Memphis en el que Elvis pasó su juventud, fue testigo de la eclosión musical del rock 'n' roll a principios de los años cincuenta. Había sido construido en 1938 dentro del programa de obras públicas del New Deal, el plan del presidente Franklin D. Roosevelt para acabar con la Gran Depresión. Era sólo para blancos, de la misma manera que el barrio vecino de Dixie Homes, construido el mismo año, era sólo para negros. Esa vecindad influiría decisivamente en los gustos musicales de muchos jóvenes blancos que comenzaron a escuchar rhythm & blues desde niños. Entre ellos estaba Elvis, que practicaba música en el sótano y las escaleras de entrada de su casa y al que a veces importunaba un pendenciero vecino pendenciero vecino llamado Johnny Burnette, que junto a su hermano mayor, Dorsey, y su amigo Paul Burlison, en 1952 fundó una banda de nombre tan básico como contundente, The Rock and Roll Trio. Otro de los inquietos aspirantes a rockero del barrio era Bill Black, el contrabajista que acompañaría a Presley en sus primeros tiempos, aunque no se conocieron hasta que coincidieron en Sun Records.

Elvis en Lauderdale Courts.

Descubriendo el blues

A principios de los años cincuenta las principales emisoras de Memphis eran la WHBQ y la WDIA, que emitían música de artistas negros como Muddy Waters, B. B. King o Ike Turner, y la WMPS, y programaban música country alternada con góspel. Desde el otro lado del río Misisipi, donde estaba West Memphis, llegaban los sonidos de *bluesmen* como Sonny Boy Williamson II, Howlin' Wolf, Arthur 'Big Boy' Crudup o Robert Nighthawk, retransmitidos por la emisora KWEM. Ésas fueron las influencias que forjaron los gustos musicales de Presley, que comenzó a tomar clases de guitarra con Jesse Lee Denson, un músico un tanto pendenciero, amigo de los hermanos Burnette, que no tenía muy buen concepto de Elvis como alumno, aunque acabó incluyéndolo en el trío que montó junto Johnny Black, hermano del futuro contrabajista del Rey del Rock en sus años de Sun Records, y que por aquellos días ya era músico profesional. Los tres tocaban en el paseo principal de los Courts, conocido como Market Hall, y cosechaban un notorio éxito, aunque Elvis permanecía siempre en último plano, limitándose a hacer acompañamientos. Mientras hace la secundaria trabaja en sus temporadas de vacaciones para ayudar a la familia. Son trabajos sencillos, de chico de los recados o acomodador de cine, pero permiten que la familia mejore su nivel de vida a tal punto que en 1953

Juventud rebelde

Al abandonar la adolescencia Elvis se contagia del ambiente rebelde y díscolo propio de los jóvenes de los barrios populares de Memphis, aunque sin perder los buenos modales y la esmerada educación que le había inculcado su madre. Un buen ejemplo de ello es la anécdota que reveló en el año 2021 su primera novia conocida, Dixie Locke Emmons, en su libro de memorias, Unlocked: Memoirs of Elvis' First Girlfriend. Ambos se conocieron en enero de 1954 por primera vez en la Iglesia First Assembly of God, y cuando Elvis fue a casa de Dixie a recogerla para su primera cita oficial, su familia no las tenía todas consigo, ya que ella tenía quince años y Presley diecinueve, pero lo que más los impresionó fue la actitud y la imagen del muchacho: «No vestía la habitual camiseta blanca y vaqueros como la mayoría de los chicos de su edad. ¡Llevaba pantalones de vestir negros con una costura rosa en la pierna y una chaqueta a juego! Al ver el cabello largo de Presley peinado en una cola de pato, mi tío le ofreció dinero para ir a cortarse el cabello, algo que Elvis rechazó».

tendrían que acabar marchándose de Lauderdale Courts por superar el nivel de ingresos que daba derecho a una vivienda social.

Al entrar en el instituto, Elvis comenzó a perder su timidez y a transformarse, convirtiéndose en uno de aquellos descarados jóvenes de los primeros tiempos del rock 'n' roll, tal como recuerda George Klein, en la entrevista que el periodista cultural David Moreu publicó en su libro *Un aplauso para el astronauta*, y en la que el famoso *disc-jockey* y presentador de televisión recuerda su íntima amistad con él en aquellos tiempos: «Nos hicimos buenos amigos cuando

Elvis Presley junto a George Klein.

íbamos juntos al Humes High School y coincidimos en clase de música en el octavo curso. A partir de ese momento fuimos inseparables. Entonces éramos pobres, nuestras familias tenían muy pocos ingresos y vivíamos en barrios de clase obrera. Todos los chavales soñábamos en comprarnos un coche, pero debíamos conformarnos con ir al colegio en tejanos azules y estar agradecidos a nuestras madres por llevar la ropa limpia. Aunque Elvis no se sentía avergonzado por sus orígenes humildes y acudía a clase con una chaqueta deportiva con el cuello subido y unos pantalones negros con una línea blanca en los laterales, además de sus patillas. Era un rebelde y ésa era su manera de destacar. En aquellos días llevaba el pelo más largo que los Beatles en 1964».

Al contrario que durante toda su vida anterior, adoptó una actitud mucho más resuelta y comenzó a tener algunos enfrentamientos, como cuando sus compañeros de fútbol americano le acorralaron con intención de cortarle el pelo y por culpa de su furibunda negativa fue expulsado del equipo, o cuando se peleó con un compañero de trabajo en el cine Loew's, lo que también le costó el puesto. Comenzó a pasar mucho tiempo en Beale Street, escuchando a los músicos negros, en las tiendas de discos de Main Street y a frecuentar los conciertos de góspel de formaciones tanto blancas como negras, que se celebraban durante la noche en el centro de la ciudad. También empezó a prestar mucha atención a su indumentaria, tratando de vestir de forma elegante y llamativa, con patillas largas y peinados atrevidos. Esa transformación se agudizó aún más cuando la familia tuvo que abandonar los Courts. El 3 de junio de 1953, mientras en las emisoras de radio suena «Crazy Man, Crazy», de Bill Haley & His Comets, se gradúa de la escuela secundaria Humes y comienza a trabajar en la empresa Parker Machinists Shop, cobrando 33 dólares a la semana. Pronto cambiará de empleo para trabajar produciendo proyectiles en Precision Tool y un poco después comenzará a conducir camiones de reparto de la Crown Electric Company, mientras asiste a clases nocturnas para aprender el oficio de electricista.

Sun Records, la puerta del futuro

El sábado 18 de julio de 1953 un nervioso Elvis Presley cruzaba la puerta del edificio que hacía esquina en el 706 de Union Avenue de Memphis. Llevaba su vieja guitarra en la mano y tenía la intención de grabar un disco de acetato con dos canciones para regalárselo a su madre. Se ha aceptado genéricamente que era un regalo de cumpleaños, pero en realidad Gladys había nacido un 25 de abril. En cualquier caso, eso no tiene mucha importancia a la hora de definir un momento que pasaría con letras de oro a la historia del rock 'n' roll. Elvis había pasado infinidad de veces por delante de aquella puerta por la que desde cuatro años antes, cuando, en enero de 1950, el *disc-jockey* y productor musical Sam Phillips había inaugurado su empresa, Memphis Recording Services, habían pasado numerosos aficionados y músicos de blues y rhythm & blues como B. B. King, Howlin' Wolf, Ike Turner, Junior Parker, James Cotton o Rufus Thomas, entre otros.

Phillips, natural de Florence, Alabama, había trabajado en varias emisoras de radio cuando llegó a Memphis en 1945 con la idea de crear su propio negocio, algo que consiguió cuando se asoció con Marion Keisker, un mujer mayor que él que ejerció las labores más rutinarias de secretaria, recepcionista, asistente y ayudante de sonido, pero que le abrió muchas puertas en el negocio musical de Memphis y fue decisiva para que la MRS funcionase y se convirtiese en una cuna del rock 'n' roll. La idea inicial era grabar todo lo que la gente quisiera y pagase, desde anuncios para la radio, felicitaciones de Navidad, oficios funerarios o canciones de aficionados como las que el joven Presley quería regalar a su madre. Pero además Phillips tenía el propósito de abrir la puerta de su negocio a los jóvenes artistas negros que llegaban a Memphis procedentes de las zonas rurales de Misisipi y Alabama con la ilusión de grabar un disco y convertirse en músicos de blues. Sam conocía bien el ambiente de la música negra y se movía en los barrios afroamericanos con una soltura nada habitual en un blanco, no en vano había compartido en su infancia el duro trabajo de recoger algodón, codo con codo junto a sus vecinos negros. Eso le había convertido en un enamorado del blues y en un antirracista convencido.

> «Si pudiera encontrar a un blanco que tuviera el sonido negro y el sentimiento negro, podría ganar millones de dólares.»
>
> Sam Phillips

Al principio, Memphis Recording Services se limitó a grabar a artistas semidesconocidos para vender sus canciones a discográficas grandes, como Chess Records, de Chicago, o Modern Records, de Los Ángeles, pero Phillips pronto decidió dar un paso adelante y producir sus propios discos, y en febrero de 1952 fundó Sun Records en las mismas instalaciones del 706 Union Avenue. Ésa fue la primera piedra de uno de los proyectos pioneros de la historia del rock. Allí grabó en 1951 el *single Rocket 88*, de Jackie Brenston and His Delta Cats, considerado por muchos como el primer tema de rock 'n' roll y compuesto por el líder de la banda, un joven de diecinueve años llamado Ike Turner. Allí también grabarían en los años inmediatamente posteriores unas cuantas estrellas del country y germinaría el primer rockabilly, con artistas como Jerry Lee Lewis, Carl Perkins, Johnny Cash, Ray Harris, Warren Smith y, por supuesto, Elvis Presley. Buen conocedor del ambiente musical de la ciudad, Elvis conocía la historia de Sam Phillips y probablemente por eso escogió aquellos estudios para realizar aquella primera grabación de regalo para su madre, en lugar de hacerlo en alguno de los otros lugares de la ciudad que también ofrecían ese servicio, aunque con un nivel menos profesional y a un precio más barato.

Cuando Marion Keisker recibió a Elvis aquella mañana de sábado, le explicó las tarifas: un disco de dos caras costaba 3, 98 dólares y por un dólar más incluían una cinta con una copia de la grabación. El joven eligió sólo el disco y tras una breve espera en la que sus nervios no hicieron más que aumentar, entró en el estudio de grabación y a una señal de Sam Phillips comenzó a cantar «My Happiness», una balada que se había convertido en un éxito cinco años antes en la voz del matrimonio y dúo de cantantes formado por John y Sandra Steele, y luego interpretó «That's When Your Heartaches Begin», otra balada grabada en 1937 por Shep Fields & His Rippling Rhythm, pero que había popularizado en 1941 The Ink Spots, un cuarteto vocal cuyo sonido se ubica en los orígenes del doo-wop y el rhythm & blues. Elvis acabaría incluyendo el tema en su repertorio a partir de 1957. Tras abandonar Sun Records, se dirigió a casa de un amigo para escuchar la grabación, ya que en la suya no tenían tocadiscos, y allí se quedó el disco durante décadas, hasta que fue subastado en el 2015 por 300.000 dólares.

Durante los meses siguientes a la grabación de aquellas dos primeras canciones, Elvis centró todos sus esfuerzos en convertirse en cantante. Se dejó caer de nuevo por Sun Records con las más variopintas excusas e incluso grabó otro par de canciones a principios de 1954: «I'll Never Stand in Your Way», grabada por Joni James el año anterior, y «It Wouldn't Be the Same Without You», una canción country registrada en 1950 por Al Rogers. Ninguno de los dos temas produjo la más mínima impresión en Sam Phillips y se quedaron en un mero intento fracasado, igual que la prueba que hizo poco después con el cuarteto vocal Songfellows, que le rechazaron por falta de oído para la armonía, según dijeron. Mientras esperaba a que le llegase una oportunidad de darse a conocer, Presley siguió escuchando música en Charlie's, su tienda de discos favorita, y acudiendo a escuchar a músicos callejeros de rhythm & blues o grupos de góspel como los Blackwood Brothers o los Statesmen. Seguía conduciendo el camión de la Crown Electric y entregaba casi todo el sueldo en casa, aunque la razón de su existencia seguía siendo la música. Un buen día, un conocido de los tiempos de los Courts, Ronnie Smith, que tocaba en los Stompers, la banda de Eddie Bond, un rockero de veintidós años, le dijo que éste estaba buscando un cantante y le invitó a pasar por el club Hi Hat, donde tocaban. Aquella noche, acompañado por su novia Dixie, se presentó en el local y subió al escenario para cantar un par de temas, antes de bajarse tan enfadado como decepcionado. Bond le había rechazado como cantante, aunque luego explicará que habían sido los dueños del club los que se lo habían exigido. Aquello le causaría un resquemor que le duraría toda la vida y el pobre Eddie, que alcanzaría una aceptable carrera como músico de rock, tendría que cargar toda la vida con el sambenito de haber rechazado a Elvis Presley. Los Stompers fueron contratados como teloneros de Roy Orbison durante una de sus primeras giras y grabaron una prueba en Sun Records, que los derivó a su filial Ekko Records, donde prescindieron de los Stompers y acabaron grabando a Bond en solitario.

Cuando más desanimado estaba Elvis, su suerte dio un giro radical. El 26 de junio de 1954 recibió un aviso de Marion Keisker para que se presentase en Sun Records. Sam Phillips tenía una canción de corte sentimental titulada «Without You» y buscaba una nueva voz para que la interpretase. Marion le había sugerido llamar a aquel chico que era bueno cantando baladas y esa misma tarde Elvis estaba en el estudio afrontando el tema. Pero las cosas no parecían encarrilarse y el joven aspirante a cantante no acaba de hacerse con aquella canción. Sam pensó que quizá no fuese adecuada para él. Sin embargo, intuyó que el muchacho tenía potencial y se propuso descubrir cuál era. Lo tuvo toda la tarde catando diversos temas y estilos y al final lo envió a casa sin concretar nada, aunque Elvis regresaba con un ánimo ilusionado: por fin le habían llamada para grabar y tenía la esperanza de que aquello fuese el primer paso del camino que le permitiría convertirse en cantante.

> **La nota de Marion Keisker**
>
> Cuando Elvis acabó de grabar sus dos primeras canciones de regalo para su madre, Sam Phillips apenas le dirigió la palabra y simplemente musitó un: «Interesante, quizá te llamemos algún día», antes de pedirle a la otra mitad de la plantilla de Sun Records, Marion Keisker, que apuntase el nombre del muchacho, cosa que la asistente y recepcionista hizo añadiendo una nota que decía: «Buen cantante de baladas. Pendiente». Un año después, cuando Sam Phillips buscaba un cantante nuevo, Marion se acordó de aquel chico tímido, de aspecto atildado y largas patillas, y le propuso llamarlo. Aquella nota cambiaría cambiaría para siempre la historia del joven Presley.

Elvis con Sam Phillips y Marion Keisker.

En el verano de 1954, una modesta discográfica, Sun Records, lanza una canción de un joven principiante, «That's All Right» de Elvis Presley, y en pocos meses la historia de la música popular sufre una convulsión como no se había conocido nunca. El rock 'n' roll, la reciente banda sonora de una juventud rebelde e indisciplinada, tiene un nuevo profeta que lo extenderá hasta el último rincón de los Estados Unidos, primero, y de todo el planeta, después. Los más reaccionarios claman contra aquel escándalo y los más avispados se preparan para hacerse con un negocio que promete infinitas ganancias.

> «La primera vez que subí a un escenario estaba asustadísimo. No sabía a qué se debía el griterío, no me daba cuenta de que era por mis movimientos.»
> **Elvis Presley**

CON ÉL LLEGÓ EL ESCÁNDALO

«No siento que esté haciendo nada malo [...] No veo cómo cualquier tipo de música tendría una mala influencia en la gente cuando se trata sólo de música [...], ¿cómo puede el rock 'n' roll hacer a alguien rebelarse contra sus padres?»

A mediados de los años cincuenta el pastel del negocio discográfico en Estados Unidos se lo repartían fundamentalmente media docena de grandes compañías: RCA Victor, Columbia, Decca, Capitol, Mercury y MGM, pero sería una minúscula compañía independiente, fundada por un joven entusiasta del blues y el rhythm & blues, la que protagonizaría el despegue del negocio millonario que se generaría en la música popular en la segunda mitad del siglo xx. El joven en cuestión se llamaba Sam Phillips, había nacido en 1923 y, durante un viaje con sus padres realizado en 1939, se había enamorado de la música que se hacía en Beale Street, la artería principal del barrio negro de Memphis. Seis años después se instaló en la ciudad para trabajar en la emisora de radio WREC y en 1950 fundó un modesto estudio de grabación que vendía sus canciones a otras compañías. Fue allí donde se cruzaron los caminos de Sam Phillips y el joven Elvis Presley. Tras su frustrado intento del mes de junio, cuando Phillips no logró sacar nada en limpio de una tarde de grabaciones, el director de Sun Records no dejaba de darle vueltas a la idea de hacer algo con Elvis, tratar de buscar el terreno musical en el que le podía sacar provecho a aquel chaval que apuntaba maneras pero no acababa de despuntar, así que en el verano de 1954 le propuso a Scotty Moore, un guitarrista que trabajaba en Sun Records y que se había convertido en su hombre de confianza, que lo invitase a su casa para conocerlo y estudiarlo de cerca.

El domingo 4 de julio, el día de fiesta nacional en el que se conmemora la independencia de los Estados Unidos, Scotty citó a Elvis en su casa y avisó también a su compañero Bill Black, un contrabajista cuyo hermano pequeño había sido amigo de Elvis en los días de Lauderdale Courts, y que también trabajaba en los estudios de Sam Phillips. Tras varias horas de charla y canciones, los dos músicos se despidieron de Elvis quedándose con la misma sensación que ya tenía su jefe: el chaval tenía madera de cantante pero no acaba de impresionar. De todos modos, Sam Phillips decidió probar de nuevo y montó una sesión de grabación para el día siguiente. Para ayudar a relajar al azorado Presley, le propuso que cantase lo que quisiese, pero tras probar con varias canciones la cosa seguía sin funcionar, así que decidieron dejarlo por el momento. Cuando estaban recogiendo el equipo Elvis se soltó repentinamente y se puso a cantar un viejo blues, «Thats All

Right», de Big Boy Crudup. Por fin el chaval estaba relajado y sin la presión de la grabación saltó la chispa. Bill Black tomó de nuevo el contrabajo y Scotty se unió de inmediato con su guitarra. Sam Phillips, un gran conocedor del blues adivinó inmediatamente que por fin había encontrado ese nuevo sonido que llevaba tiempo buscando y con un imperioso: «Buscad un punto de partida y repetidlo», comenzó a grabar.

Elvis con Sam Phillips (centro) en Sun Records.

Pocos días después, el 19 de julio de 1954, Sun Records lanza aquella primera grabación de Elvis, en un sencillo que lleva en su cara B, «Blue Moon of Kentucky», un tema country, compuesto siete años antes por Bill Monroe, el músico que sentó las bases el estilo bluegrass al frente de su grupo, los Blue Grass Boys. Con aquel *single* Phillips estaba convencido de haber hallado la piedra filosofal: un artista blanco que cantaba con la pasión de los *bluesmen* negros, lo que podía derribar la estúpida barrera de racismo musical imperante hasta entonces; a los blancos les gustaba la música de los afroamericanos, pero no la consumían porque estaba hecha precisamente por aquéllos. El siguiente paso era buscar la promoción adecuada, un lanzamiento que llevase rápidamente aquellas dos canciones a las listas de éxitos y proporcionase por fin las buenas ventas que Sun Records necesitaba, y la persona ideal para hacerlo era Dewey Phillips, más conocido como Daddy-O, el *disc-jockey* más popular de Memphis con su programa de la emisora WHBQ, escuchado con igual fidelidad por los blancos y los negros de la ciudad.

Todo empezó en la radio

Poco después de la grabación, y antes de la salida oficial del disco, Phillips llama a Dewey para invitarle a ir a sus estudios a escuchar su nuevo hallazgo. Al principio el *disc-jockey* se mostró cauto, algo que no era muy habitual en un individuo de opiniones viscerales como él. Al día siguiente Dewey llamó a Sam para

> **«That's All Right (Mama)»**
>
> Well mama, she done told me
> Papa done told me too
> Son, that girl you're fooling with
> She ain't no good for you
> But, that's all right, that's all right
> That's all right now mama,
> anyway you do
>
> Bueno mamá, ella me lo dijo
> Papá también me lo dijo.
> Hijo, esa chica con la que estás jugando
> No es buena para ti
> Pero, está bien, está bien
> Está bien ahora mamá, de cualquier manera que lo hagas
>
>

pedirle dos copias del disco. Quería ponerlo esa misma noche en su programa. Elvis dijo a su familia que sintonizasen la emisora y luego se fue al cine, nervioso y temiendo que aquello lo pusiese en el punto de mira de todos los graciosos de la ciudad, que se burlarían de él, tal como confesó años después al periodista Robert Jennings. Acertó en lo del punto de mira, pero se equivocó en el resto. El 8 de julio de 1954, Sam Phillips le lleva una copia del disco a Dewey Phillips. «That's All Right» suena por primera vez a las nueve y media de la noche en su programa *Red, Hot & Blue*, y a partir de ese momento la centralita de la emisora se colapsa con las llamadas que piden que la vuelva a poner una y otra vez. Las versiones difieren respecto a cuántas veces sonó el tema, hay quienes sostienen que siete y quienes afirman que diez, y a cuántas fueron las llamadas y los telegramas recibidos, pero en lo que todo el mundo coincide es en que aquel día el rock 'n' roll dio un salto adelante con el nacimiento de su primera gran estrella.

Ante el aluvión de peticiones y la expectación suscitada, Dewey llamó a casa de los Presley y le pidió a Gladys que fuesen a buscar a su hijo al cine y lo llevasen cuanto antes al estudio de la radio. Al borde del ataque de pánico, Elvis se sentó junto al *disc-jockey* que comenzó a charlar con el cantante con su incontenible verborrea. Entre preguntas sobre sus gustos musicales y comentarios triviales sobre su vida cotidiana, Dewey le preguntó en qué instituto había estudiado, a lo que Presley contestó un escueto «Humes». La pregunta era de todo menos inocente. Entre los que llamaban a la emisora había unos cuantos que creían que se trataba de un cantante negro y era necesario dejar la cosa clara desde el principio. Al ser una sociedad en la que negros y blancos no estudiaban juntos, el simple nombre del centro sirvió para revelar que Elvis era blanco.

Cuando el presentador dio por finalizada la entrevista, el desconcertado cantante le preguntó si al final no le iba a entrevistar. Esperaba algo más formal que aquel intercambio de comentarios y palideció cuando Dewey le contestó: «Acabo de hacerlo. El micrófono ha estado abierto todo el rato». De la noche a la mañana, Elvis se convirtió en una celebridad en su entorno personal y en el ambiente de la música juvenil de Memphis. Sus amigos y conocidos se fueron enterando de su presencia en el *Red, Hot & Blue*, y al día siguiente no había nadie entre sus conocidos que no comentase la noticia. Aquel momento histórico le serviría a Dewey Phillips para auparse definitivamente como profesional. Su programa fue el primero en ser simultáneamente retransmitido por la radio y la televisión y a mediados de los cincuenta alcanzó bastante notoriedad gracias a su personal estilo como presentador, en el que mezclaba las novedades musicales con un ritmo frenético y un agudo y disparatado sentido del humor. Pero cuatro años después de lanzar a Elvis, la emisora WHBQ cambió su formato de programación y el famoso *disc-jockey*

Dewey Phillips, en plena emisión de su programa.

fue despedido, lo que, unido a su adicción al alcohol y a las anfetaminas, le arrastró a un rápido declive profesional, sobreviviendo en emisoras locales de segunda fila hasta su muerte prematura en 1968, con cuarenta y dos años.

El blanco de alma negra

El asunto de la raza, que se suscitó ya en aquella primera aparición de Elvis en un medio de comunicación, se convertiría en motivo de controversia y escándalo en los primeros años de su carrera. Era un blanco que cantaba inspirándose en los negros y aquello no le hizo ninguna gracia a mucha gente en aquella Norteamérica segregada, especialmente en los estados del Sur, donde los negros no podían acceder a ningún tipo de local público para blancos, y en la que en algunos pueblos bastaba que una mujer de «raza caucásica», como se decía entonces, afirmase que un afroamericano la había mirado de forma irrespetuosa para que éste fuese linchado por una turba descerebrada. En Memphis la música había servido como un elemento integrador, al menos de puertas para dentro de los domicilios. El góspel servía para reunir a público de ambas razas para escuchar a formaciones como los míticos Blackwood Brothers, que se contaban entre los favoritos de la familia Presley y cuyos integrantes originales habían fallecido en un accidente pocos días antes de que Elvis realizase sus dos primeras grabaciones en Sun Records. Dixie Locke, la novia del cantante por aquellos días, recordaba lo mucho que aquellos fallecimientos habían afectado al muchacho al que había conocido precisamente gracias a aquel cuarteto de música religiosa: «El Blackwood Brothers Quartet se había mudado de Iowa a Memphis y comenzó a actuar en la iglesia a la que asistía yo. Ellos fueron la razón por la que empezó a venir Elvis y allí fue donde lo vi por primera vez».

> «Mucha gente ha acusado a Elvis de robar la música del hombre negro, cuando de hecho casi todos los artistas negros solistas copiaron sus gestos escénicos de Elvis.»
>
> Jackie Wilson

Respecto a la importancia de la música y el sentido escénico de los afroamericanos en la trayectoria de Elvis, resultan muy esclarecedoras las palabra de su amigo George Klein, alguien que conocía perfectamente los gustos del cantante desde sus días de la infancia y que los expuso en la entrevista concedida al periodista David Moreu: «Estaba muy influido por artistas afroamericanos como los Drifters, los Clovers y los Platters. También le gustaba mucho James Brown, aunque su favorito era Jackie Wilson. Supongo que has visto fotos de aquella época, en las que esos cantantes aparecían en el escenario con trajes de colores

La leyenda negra de un cantante blanco

Al igual que la mayoría de los primeros músicos de rock 'n' roll, Elvis nunca había sentido un rechazo hacia los afroamericanos y su música, sino exactamente todo lo contrario. En su infancia y juventud siempre vivió en contacto con la población negra y siempre que pudo acudió a los locales donde actuaban las estrellas de rhythm & blues, algo que fue recogido por publicaciones afroamericanas como The Memphis World. Como era de esperar, eso le atrajo la ira de los medios supremacistas blancos, que lo calificaron como «amigo de los negros». Sin embargo, nada de eso evitó que acabase creando una leyenda negra sobre el racismo de Elvis. Ni siquiera declaraciones de músicos negros como Little Richard, quien afirmaría: «Fue un integrador. Elvis fue una bendición. No dejaban pasar a la música negra. Él abrió la puerta a la música negra», sirvieron para enterrar un bulo que llega hasta nuestros días y que se basa en una presunta entrevista con Edward R. Murrow, de la cadena de televisión CBS, en la dicen que el cantante afirmó: «la única cosa que los negratas pueden hacer por mí es comprar mis discos y limpiar mis zapatos», algo de cuya veracidad nadie ha aportado ninguna prueba hasta hoy.

muy elegantes y Elvis se inspiró en su manera de vestir. No debemos olvidar que él también fue un intérprete que marcó tendencia con la ropa que llevaba. En sus primeras giras para Sun Records decidió que no quería llevar un sombrero de *cowboy* como los cantantes de country, sino que iría a la tienda de Lansky Brothers en Beale Street que tantas veces había visto de niño. Piensa que allí se vestían B. B. King, Bo Diddley y Chuck Berry. Entonces Elvis apareció en los escenarios con un traje negro, una camisa rosa y una corbata oscura, algo nunca visto. Era muy inteligente y también muy consciente de lo que hacía». También Joaquín E. Brotons en el artículo «Elvis es el rock» publicado en la revista *Ruta 66*, incide en este aspecto: «Hay que ser conscientes de lo que realmente suponía que Elvis fuera un día a Sun Records a grabar unas canciones que imitaban lo que sentían los músicos negros que aún sufrían la segregación. Hoy nadie se escandalizaría porque un cantante blanco se uniera a músicos negros y los imitara: entonces fue realmente un escándalo de proporciones sociopolíticas infinitas».

Tras el lanzamiento oficial del *single*, con la incorporación de «Blue Moon of Kentucky» en la cara B, Elvis empieza a sonar en el resto de las

Elvis con los Blue Moon Boys, en 1956.

emisoras de Memphis, espoleadas por el éxito de su lanzamiento en la WHBQ. El inusitado interés demostrado por algunos *disc-jockeys* como Sleepy Eyed John, un especialista en country de la emisora WHHM, alertó a Sam Phillips sobre una posible operación para quitarle de las manos la joya que acaba de descubrir y decidió nombrar a Scotty Moore representante de Elvis y de paso poner al muchacho en manos de éste y de Bill Black como su grupo de acompañamiento para los primeros pasos en el mundo musical. El primer concierto de la carrera profesional de Presley se celebró 17 de julio en el club Bon Air, y prueba de su bisoñez es que el cantante se presentó ante el público con la vieja guitarra que le habían regalado por su undécimo cumpleaños. Ese día actuó junto a los Wranglers, el grupo de Scotty, que era la banda residente del local. Todo estaba sucediendo vertiginosamente. En la primera semana ya se habían recibido seis mil pedidos del disco y el 30 de julio actuó en el parque Overton, en un espectáculo de Slim Whitman, la estrella del *Louisiana Hayride*, el más célebre programa de radio y televisión dedicado a la música country. Elvis sólo tenía dos temas, así que a pesar de la grandiosidad del escenario, iba a ser casi una actuación de trámite, una prueba a la espera de nuevos conciertos con un repertorio más consolidado, pero su actitud en el escenario, con su estremecida forma de moverse, convirtió aquella noche en el preludio de su rompedor y revolucionario estilo, que en los años siguientes se convertiría en un éxito de masas y en un motivo de escándalo. En el parque Overton el público reaccionó entusiasmado, aunque el cantante no lo supo apreciar en su momento y adoptó la actitud del buen chico que no es consciente de lo que está provocando, tal y como afirmó en una entrevista en 1972: «La primera vez que aparecí en el escenario me sacó de quicio. Realmente no sabía a qué venían todos aquellos gritos. No me di cuenta de que mi cuerpo se movía. Era algo natural para mí. Así que me volví y le pregunte a mi mánager en el *backstage*: "¿qué pasa?". Y me dijo: "Sea lo que sea, vuelve y hazlo otra vez"».

> «Ese chico lo tenía todo. Tenía la apariencia, los movimientos, el genio y el talento. [...] En la forma en que se veía, en la forma en que hablaba, en la forma en que actuaba... realmente era diferente.»
>
> Carl Perkins

A toda velocidad

Los conciertos en emisoras y pequeños locales se fueron sucediendo y Elvis iba puliendo su personalidad musical con el respaldo de Scotty Moore y Bill Black, que acabarían dejando su formación tradicional, los Wranglers, para dedicarse en exclusiva a Presley. Pero además era necesario proveer al nuevo cantante de un repertorio más amplio que le permitiese participar en festivales y defender su presencia en conciertos de mayor aforo. El 25 de septiembre de 1954 sale al mercado el segundo sencillo, «Good Rocking Tonight», una aproximación bastante fiel al jump blues original compuesto en 1947 por Roy Brown, y que es uno de los aspirantes al título de «primer rock 'n' roll». En la cara B el tema «I Don't Care if the Sun Don't Shine», compuesto originalmente por Mack David para la película *Cinderella* (Cenicienta), producida por Walt Disney en 1950, pero que no se llegó a incluir en el montaje final, aunque ese año logró cierta popularidad en una versión grabada por Patti Page, una cantante de música pop y country muy popular en los años de expansión del rock 'n' roll. Casi sin solución de continuidad, menos de un mes después se edita «Milk Cow Blues», grabada originalmente por el bluesman Kokomo Arnold en 1934, con una arriesgada letra en la que la vaca lechera del título se usaba como metáfora de una amante femenina. «You're a Heartbreaker», la cara B, era un despechado tema de mal de amores.

Mientras tanto, Sam Phillips se afanaba recorriendo el país con su coche, visitando las emisoras de radio, para promocionar a su nuevo artista, algo que no siempre resultaba fácil, porque su estilo no respondía a nada convencional: era demasiado rhythm & blues para el público country y demasiado country para el público de rhythm & blues. Eso se reflejaba también en el tratamiento de los medios de comunicación. Mientras la revista *Billboard* le había dedicado a «That's All Right» un artículo titulado *Talento*, algunos responsables de programas de radio, como Paul Berlin de la KNUZ de Houston, la consideraban una música vulgar e insoportable. Pero los jóvenes, que de pronto se habían convertido en un sector social de consumo, se rindieron incondicional y entusiásticamente a la nueva estrella del rock. Eso provocó el interés de las grandes compañías discográficas, entre ellas la RCA, que comenzó a fijarse en la evolución de aquel muchacho que tanto revuelo estaba levantando.

A medida que aumentaba su popularidad, también crecía la incomprensión de los sectores más tradicionalistas de la canción hacia aquel osado joven que había irrumpido como un elefante en una cacharrería en el mundo del espectáculo musical. El 2 de octubre Presley realizó la primera y última incursión en la élite del country, el *Grand Ole Opry* de Nashville. Aquel cantante que había actuado por primera vez en público en un concurso escolar ataviado de vaquero y al que algunos habían empezado a llamar el Rey del Western Bop, interpretó su versión de «Blue Moon of Kentucky» ante un público absolutamente indife-

Scotty Moore, el primer guitarrista y mánager de Elvis.

rente e incluso alguno de los organizadores se permitió bromear con la posibilidad de que volviese a conducir un camión como alternativa a la música. El director del *Opry*, Jim Denny, fue un poco más elegante y le despidió con la excusa de que no se adaptaba al programa. A pesar de que el propio autor de la canción, Bill Monroe, le había felicitado en los camerinos, aquel desaire no le sentó nada bien a Presley, que menos de un mes después se presentó en el espectáculo rival, el *Louisiana Hayride*. El *show* era emitido por 198 emisoras de radio, y tuvo una actuación irregular: el primer pase fue mediocre, a causa del miedo escénico, y el segundo fue un despliegue de energía que cautivó al público. En ese concierto Sam Phillips conoció al batería D. J. Fontana, con cuya presencia decidió reforzar al año siguiente la contundencia de la base rítmica. Aquél fue un momento importante en el ascenso de Presley, que fue contratado por el *Hayride* para actuar los sábados por la noche durante un año. A partir de la incorporación de Fontana, la banda integrada por él, Bill Black, Scotty Moore y el propio Elvis pasaría a denominarse The Blue Moon Boys y ampliaron su radio de acción a conciertos en Texas y Arkansas. Prueba de que las cosas iban por el buen camino fue que por entonces Scotty, Bill y Elvis abandonaron sus respectivos trabajos para dedicarse en exclusiva a la música. En ese momento, los tres tenían un acuerdo sobre los beneficios que estipulaba un 50 por ciento para el cantante y un 25 por ciento para cada uno de sus compañeros.

Ascensor a la fama

El uno de enero de 1955 se produce otro cambio en la carrera de Elvis. Bob Neal, que desde la salida del primer *single* había apoyado firmemente la carrera del cantante, promocionándolo desde su programa en la emisora WMPS, de Memphis, se convierte en su nuevo mánager, en sustitución de Scotty. Elvis era menor de edad, así que fueron sus padres los que firmaron como tutores legales. Un mes más tarde Neal fundaría Elvis Presley

Con Bob Neal, su segundo mánager.

Enterprises, para encargarse de los negocios del cantante. Ese año comenzó de forma halagüeña, con la agenda repleta de conciertos durante los primeros meses. Sólo un mes después de hacerse cargo de la representación del artista, Bob decidió asociarse con Tom Parker, a quien conocía desde hacía años por su labor de mánager de distintos artistas, para que se hiciese cargo de la planificación de conciertos y promocionase su imagen en círculos más amplios. Neal confiaba en que Parker podría llevar a Elvis hacia nuevos públicos gracias a su vinculación con la estrella del country, Hank Snow, con quien proyectaba una gira en aquellos momentos.

Bob Neal era el más firme partidario de incorporar al coronel al equipo de promoción de Elvis y con él a su colaborador Oscar Davis, un histórico promotor de música country, que con su sombrero vaquero y su corbata de lazo parecía una reliquia de los viejos tiempos, siempre al borde de la ruina, pero que mantenía los mejores contactos entre los programadores de radio y organizadores de festivales. Había sido el representante de Hank Williams, Eddy Arnold y otras celebridades del hillbilly. Neal se lo había presentado a Elvis cuando actuó en el *Opry* y fue Davis el primero que le habló a Tom Parker de la existencia de Presley y de su potencial como artista. Oscar Davis fue una de las piezas fundamentales para la promoción de Elvis durante sus primeros tiempos y trabajaría en su equipo hasta la primavera de 1957, cuando abandonó al coronel tras unas discrepancias entre el cantante y su grupo de apoyo vocal, The Jordanaires, durante una gira por Canadá en la que Davis apostó por el cuarteto y acabó abandonando a Parker y a su pupilo para trabajar con Jerry Lee Lewis y convertirse un año después en uno de los fundadores de la Country Music Association. Su asociación con el coronel había funcionado a la perfección a pesar de ser dos individuos de carácter y maneras opuestas. Davis era elegante, sociable, educado y desprendido, mientras que Parker era tosco, de modales agresivos e implacable en la negociación hasta llegar a ser grosero, pero tenía una visión del negocio mucho más aguda que Oscar, algo que demostraría con creces en las siguientes décadas, manejando las riendas de la carrera de quien sería universalmente conocido como el Rey del Rock.

El falso coronel había aprendido a base de golpes. Huérfano desde pequeño, tuvo que abrirse paso en la vida a codazos, según el particular relato biográfico que se había hecho él mismo a medida y que situaba su nacimiento en Virginia, de donde se había escapado para enrolarse en un circo, lo que le llevó a pasar su juventud moviéndose sin parar trabajando en espectáculos ambulantes hasta que se casó con Marie Mort, una mujer mayor que él y que le había ayudado a sentar la cabeza. En 1938 entró en el mundo de la promoción musical trabajando para el otrora popular cantante de country Gene Austin, e iría incrementando su cartera de artistas con figuras de la música popular como Minnie Pearl, Eddy Arnold, Hank Snow y Tommy Sands, un joven y prometedor cantante con buena voz y una imagen que encandilaba a las adolescentes. Era un perfil muy similar al del joven Elvis, pero Parker decidió abandonarlo cuando conoció al original en 1955,

El coronel entra en escena

En febrero de 1955 Bob Neal, recién estrenado mánager de Elvis, le propuso a Thomas Andrew Parker, conocido como coronel Parker, que le ayudase en la complicada tarea de gestionar la carrera del artista. Neal ignoraba que acaba de meter al enemigo en casa. Poco a poco Parker se fue haciendo con las riendas del negocio y aquel mismo verano firmaría con Bob y los padres de Presley un acuerdo que le convertía de hecho en su representante oficial, con la misión de conseguir un contrato con una gran discográfica que pusiese el suficiente dinero para cumplir las espectativas de Sam Phillips, el dueño de Sun Records. Logró su objetivo con creces y se convirtió en el hombre que manejaría los hijos de la carrera de Elvis e incluso de parte de su vida, hasta casi el fin de sus días. El coronel, que había conseguido ese título fraudulento como regalo de Jimmie Davis, antiguo cantante de country al que había ayudado a convertirse en gobernador de Louisiana, no era ni norteamericano, sino un neerlandés llamado Andreas Cornelis van Kuijk, que había entrado ilegalmente en el país –se habla incluso de una huida provocada por su posible implicación en un crimen– y que antes de hacerse cargo de la vida y carrera de Elvis, había desertado del ejército, recorriendo el país trabajando en circos y todo tipo de espectáculos ambulantes, hasta que se convirtió en productor de Gene Austin, un cantante de country en decadencia, lo que le abrió las puertas de la representación artística. Hombre duro con fama de fullero y hábil negociador, fue el principal artífice de la conversión de Elvis en uno de los más grandes fenómenos artísticos y económicos del show business todos los tiempos.

el año en el que Presley da otro paso decisivo en su ascensión al estrellato cuando el 3 de marzo de 1955 hace su primera aparición en un programa de televisión, el *Louisiana Hayride*, en cuya versión radiofónica estaba triunfando desde hacía unos meses y que era retransmitido por la estación KSLA-TV, la filial de la cadena CBS en Shreveport. Sin embargo, su segundo intento televisivo se saldó con un fracaso, al no ser seleccionado para participar en la emisión del *Talent Scouts de Arthur Godfrey*, un concurso de jóvenes talentos de la cadena CBS en el que la elección corría a cargo del público.

De todos modos, en los primeros meses de 1955 Elvis se había convertido en una celebridad en los estados del Sur y tenía ya cinco sencillos en el mercado, los dos últimos en la primavera y el verano entre mayo y agosto. El 1 de mayo se publicó «I'm Left, You're Right, She's Gone», un tema en clave de humor compuesto por Bill Taylor y Stan Kesler que se colocó en el décimo puesto de las listas de música country con «Baby Let's Play House» en la cara B, una versión de una canción del *bluesman* Arthur Gunter en la que Presley cambió el sentido religioso por otro más prosaico que hablaba de un Cadillac de color rosa. Tres meses después, en agosto, salía al mercado una de las canciones más míticas de Elvis, «Mystery Train», un blues compuesto dos años antes por Junior Parker para Sun Records y que fue la primera canción que dio a conocer a Elvis a escala nacional. En la cara B llevaba «I Forgot To Remember To Forget», un rockabilly compuesto por Stan Kesler y Charlie Feathers, que se convertiría en el primer número uno del cantante de Memphis y su último tema en Sun Records. También en ese

mes de agosto de 1955, Presley renovó el contrato de representación de Bob Neal al mismo tiempo que el coronel Parker se convertía en su asesor especial, a pesar de las reticencias de los padres de Elvis, a quienes todo aquello empezaba a escapárseles de las manos. En los meses que quedaban de ese año se mantuvo un intenso calendario de conciertos en los que la reacción del público juvenil fue tan enloquecida que en algunos momentos necesitó incluso protección policial. Todos recordaban la experiencia del concierto del mes de mayo en Jacksonville, Florida, cuando al final quiso despedirse con una

Actuando en la Feria Estatal de Misisipi, en Tupelo, en agosto de 1956.

broma y dijo «Chicas, nos vemos en el camerino», lo que produjo una avalancha de adolescentes que trataban de colarse en el recinto donde estaban los músicos, entrando incluso por las ventanas de los baños. Aquel día Elvis había conocido el agridulce sabor del éxito al acabar con la ropa destrozada por unas fans histéricas que incluso le robaron los zapatos.

La creación de un ídolo juvenil

A mediados de los años cincuenta, cuando Elvis empieza a emerger como cantante famoso, el terreno del *show bussines* está abonado para que se convierta en una estrella juvenil. El rock 'n' roll es un volcán en plena erupción: Bill Haley & His Comets habían llegado al primer puesto de las listas de ventas tres años antes, en 1953, con «Rock Around the Clock», un éxito que revalidaría poco después con «Shake, Rattle and Roll». Haley ya era un hombre maduro cuando su rock 'n' roll se convirtió en un estandarte de la rebeldía juvenil gracias a la película *Blackboard Jungle* (Semilla de maldad), estrenada el 20 de marzo de 1955, que narraba una historia de estudiantes desarraigados y conflictivos y cuya presentación comenzaba precisamente con la música de «Rock Around the Clock» sonando sobre unos rótulos que rezaban: «En los Estados Unidos tenemos la suerte de contar con un sistema educativo que es un tributo a nuestras comunidades y a nuestra fe en la juventud. Hoy nos preocupa la delincuencia juvenil, sus causas y sus efectos. Nos preocupa especialmente cuando esta delincuencia llega a nuestras escuelas». Elvis, que en el fondo de rebelde no tenía más que la actitud, se convirtió para algunos en el ejemplo de esa peligrosa juventud. Además, por aquellos días la industria del ocio juvenil busca sucesor para los dos cinematográficos ídolos rebeldes en boga: Marlon Brando, protagonizando *The Wild One* (*Salvaje*), que se estrenó el 30 de diciembre de 1953, y el James Dean de *Rebel Without a Cause* (*Rebelde sin causa*), que llegó a los cines el 27 de octubre de 1955. Charlie Gillet define esta situación de forma muy gráfica en su obra *Historia del Rock, El sonido de la ciudad*: «Protagonizadas por Marlon Brandon y James Dean, respectivamente, suministraban modelos con los que podían identificarse los nuevos adolescentes, personajes cuya forma de vestir, hablar, moverse,

Elvis y su madre.

gesticular y comportarse ayudaron a dar forma y justificar los sentimientos del público». Ambos encarnaban un agresivo desencuentro generacional, mientras que Elvis lo tiene todo para dar una imagen más amable del desencanto juvenil. Y aún así, su irrupción en el mundo del espectáculo estará marcada por el escándalo y los rumores sobre su presunta promiscuidad y las relaciones íntimas con sus fans femeninas, algo que siempre desmintieron tanto su familia como las personas que integraban su entorno personal.

> «Elvis nunca fue un tipo Casanova, ni un libertino. Era más como una agradable cita en la escuela secundaria.»
>
> Natalie Wood

A medida que aumentaba su popularidad arreciaban las críticas de los sectores más conservadores por su escandalosa forma de moverse en el escenario y por ser el representante más señalado de una música que causaba furor entre los jóvenes y adolescentes de una generación que, por primera vez, no estaba dispuesta a seguir el camino marcado por sus antecesores y que reclamaba su propio espacio en la sociedad de consumo que estaba naciendo a mediados de los años cincuenta. Si los adultos decían que los Estados Unidos avanzaban hacia el bienestar, los jóvenes querían participar de él, sin cortapisas, sin restricciones. A pesar de que, más allá de su aspecto y su actitud escénica, Presley era quizá el más formal de la primera generación de rockeros, tuvo que pagar el ser el más famoso y popular y comenzaron a lloverle críticas y a esparcirse rumores sobre su actitud frívola con las fans, a las que decían que pervertía con su forma de bailar, tal y como explicitaron algunos periodistas como Ben Gross, del *New York Daily News*, que calificó su estilo como «una exhibición sugestiva y vulgar, teñida de los niveles de salvajismo que debería ser exclusivo de los prostíbulos». El cantante trató de defenderse de aquellas injustas críticas alegando cosas tan razonables como: «No siento que esté haciendo nada malo [...] No veo cómo cualquier tipo de música tendría una mala influencia en la gente cuando se trata sólo de música [...], ¿cómo puede el rock 'n' roll hacer a alguien rebelarse contra sus padres?».

Pero de poco le sirvieron las explicaciones y todo ese malditismo contribuyó también a cimentar una leyenda que le acompañaría toda la vida por mucho que insistiese en negar su intención de escandalizar, como reiteró en 1972 durante una conferencia de prensa que ofreció antes de sus sonados espectáculos en el Madison Square Garden de Nueva York: «Tío, yo era dócil comparado con lo que hacen ahora. ¿Estás bromeando? No hice nada más que sacudirme». En realidad en el fondo de esa provocativa imagen, que muchos músicos copiaron desde entonces, se ocultaban sus nervios y un patológico miedo escénico que le atenazaba desde los días de sus funciones escolares o sin conciertos improvisados en Lauderdale Courts y que no le abandonarían nunca, por muchos cientos de escenarios que pisase, tal como reconoció en una entrevista grabada en 1972, incluida en el documental de la Metro-Goldwyn-Mayer, *Elvis on Tour*: «Nunca he superado lo que llaman miedo escénico. Lo reviso en cada programa. Estoy bastante preocupado, estoy pensando mucho en el programa. Nunca me siento completamente cómodo con eso, y no dejo que las personas que me rodean se sientan cómodas con eso, en el sentido de que les recuerdo que hay una nueva multitud, que hay una nueva audiencia que no nos ha visto antes. Así que siempre tiene que ser como la primera vez».

Preparando el gran salto

Sam Phillips sabía que los días de Elvis en Sun Records estaban contados, que aquel talento necesitaba una discográfica mayor para proyectarse como necesitaba, y el productor se dispuso a sacar el mayor provecho posible de aquella nueva celebridad de la canción, que en buena medida era también resultado de su sagacidad y de sus conocimientos musicales. Se promocionó en la prensa todo lo que pudo como el descubridor del cantante insistiendo, sin caer en el exceso de protagonismo, en su participación en aquel peculiar sonido entre el country y el rhythm & blues, que todo el mundo empezaba a conocer como rockabilly. A principios de 1955 Sam Phillips y el coronel Parker se vieron las caras en una reunión celebrada en el restaurante Palumbo's de Memphis en la que Parker expuso sin tapujos la situación: Sun Records no tenía ni al capital ni los medios suficientes para llevar a Presley mucho más allá de donde ya estaba, algo que Phillips sabía, pero odiaba que el falso coronel se lo restregase por la cara. Ambos se despreciaban resueltamente, pero se necesitaban. Tom Parker tenía en aquel momento una cartera de artistas los suficientemente importante como para no tener que pelearse por un chaval de veinte años que prometía mucho pero aún tenía mucho camino por delante, y Sam Phillips tenía una discográfica que podía lanzar todavía muchos talentos del incipiente rockabilly si conseguía el dinero necesario gracias a una buena gestión de la carrera de Elvis. Además, el cantante cada vez se llevaba mejor con Parker, especialmente después de las giras programadas antes del verano, lo que estaba empezando a convertir al peculiar promotor en una figura cada vez más importante en la carrera del artista.

A principios del mes de noviembre, la Convención de *disc-jockeys* de Música Country eligió a Elvis como el artista masculino más prometedor del año, lo que hizo subir su cotización en el mercado de la música hasta el punto de que varias discográficas comenzaron a pujar para ficharlo. Sellos tan importantes como Columbia, Metro-Goldwyn-Mayer o Decca realizaron ofertas sustanciosas, pero ninguna llegaba a lo que pedían los representantes del cantante. Chess, Atlantic y Capitol también permanecían a la expectativa. En el aspecto personal la vida del joven cantante también estaba cambiando a pasos agigantadas. Cada vez pasaba más tiempo en la carretera, tocando de ciudad en ciudad, aclamado por una legión creciente de admiradores, y sobre todo de admiradoras, saboreando las mieles de un éxito que cada día le proporcionaba más dinero y le permitía más caprichos. Vernon y Gladys asistían con preocupación al nuevo estilo de vida de su hijo, sobre el que cada día tenían menos influencia personal y menos control a la hora de manejar sus negocios, que ahora estaban en manos de dos profesionales como Neal y Parker, mientras el hombre en el que habían confiado desde el principio, que le había lanzado al estrellato, Sam Phillips, se iba desdibujando cada día más. Además, a pesar de que su relación con Scotty Moore y Bill Black seguía siendo buena, la decisión del coronel, aceptada por Neal, de que dejasen de cobrar un porcentaje de las ganancias y trabajasen por un salario fijo enrareció las cosas entre los viejos camaradas, especialmente cuando el guitarrista y el contrabajista apoyaron la decisión de incluir en la banda al batería

D. J. Fontana, pero para ello tuvieron que cubrir su salario entre los tres. Fue la primera vez que el fantasma de la ruptura sobrevoló al grupo. Tampoco el trato con Sam pasaba por su momento más dulce. Los problemas económicos del propietario de Sun Records eran cada vez mayores y cada vez parecía más evidente de que la única salida viable era desprenderse de Elvis por una cantidad que le permitiese esquivar la quiebra. Con sigilo y por su cuenta, Parker seguía centrando sus esfuerzos en agigantar la figura artística de Elvis en todos los Estados Unidos, que era el cebo que pensaba utilizar para conseguir que la discográfica de la que esperaba mejores condiciones, la RCA Victor, con la que trabajaba desde hacía ya una década, picase el anzuelo. Eso no quería decir en absoluto que él y Neal no siguiesen tanteando a otras compañías.

En el otoño de 1955 el coronel hizo una jugada que hizo tambalear el *statu quo* de los negocios musicales: comenzó a negociar la participación de Elvis en el primer cortometraje dedicado al rock 'n' roll, algo para lo que no tenía los derechos legales, y además comenzó a divulgar que Sam Phillips estaba intentando vender el contrato de Elvis, algo que encolerizó al propietario de Sun Records, que se sintió engañado y acusó a Neal y a Parker de intentar estafarlo. Pero este último, lejos de excusarse y entrar en debates estériles le preguntó a bocajarro cuánto pedía por deshacerse del cantante. Tras unos minutos de vacilación, Phillips pidió la por entonces exorbitante cifra de 40.000 dólares. Con eso sentaba las bases de la venta del contrato de Presley y autorizaba de facto al coronel a negociar con el mejor postor.

«Cuando conocí a Elvis era millonario en talento. Después de que yo me hice cargo de él, lo fue también en dólares.»

Tom Parker

El 21 de noviembre Parker y Phillips llegaron a un acuerdo con RCA Victor por el que esta discográfica adquiría el contrato de Presley con Sun Records por la cantidad exigida por Sam. Lo siguiente que hizo el coronel, siempre preparado para adelantarse a sus posibles competidores, fue crear dos entidades distintas, Elvis Presley Music y Gladys Music, para controlar todo el material que Elvis grabase a partir de entonces. Entre las nuevas cláusulas que estas empresas marcarían estaba la de que los compositores tuviesen que renunciar a un tercio de sus derechos de autor a cambio de que Elvis interpretara sus canciones. Paralelamente, el coronel había llegado a un acuerdo con Hill & Range, en aquellos momentos la editorial musical más importante de la música country, por el cual Elvis tendría derecho a la mitad

Elvis y su novia Dixie.

del dos por ciento, tanto de los honorarios que generase como de las composiciones de dicha editorial que grabase y que serían registrados por su propias editoriales: Elvis Presley Music y Gladys Music. Era más dinero del que el cantante había soñado ganar nunca. Tom Parker empezaba a imponer su sello. Y mientras la carrera artística de Elvis seguía un ritmo desenfrenado de éxitos y los negocios se hacían cada vez más complicados, la relación con su novia Dixie comenzaba a hacer aguas. El sueño de Gladys de que su hijo abandonase aquella vida vagabunda y se casase con su novia, comenzaba a esfumarse. A partir de entonces todo será bastante más complicado.

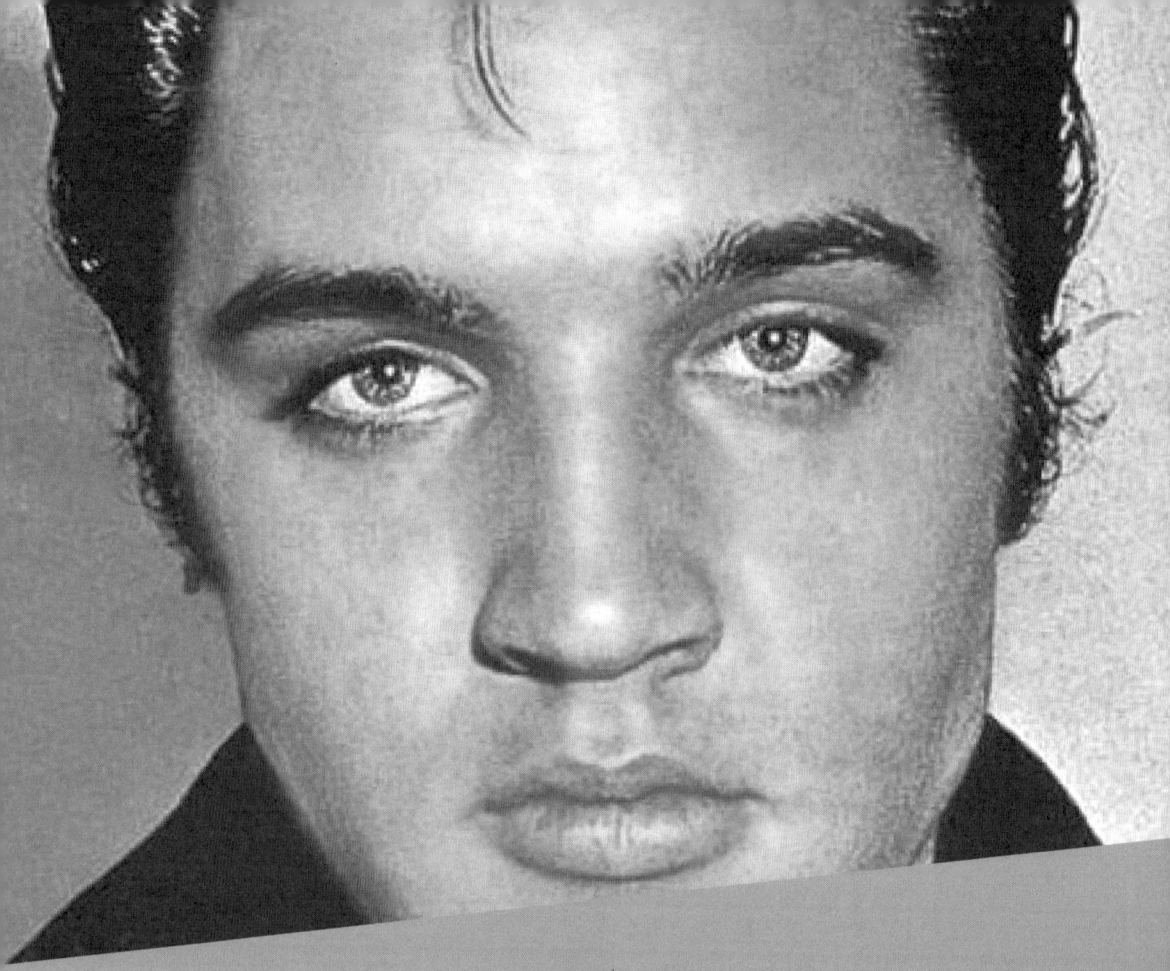

La venta del contrato de Elvis por parte de Sun Records a la RCA no sólo marcó un hito histórico en el negocio musical por el desembolso económico que supuso, sino que catapultó al cantante a una dimensión hasta entonces desconocida para un artista de la música popular. A partir de ese momento, y durante los dos años siguientes se convertiría en el Rey del Rock, denostado por algunos y aclamado por una mayoría de fieles seguidores y enfervorecidas fans, transformado en un fenómeno de masas que no tendría parangón hasta la irrupción de la Beatlemanía ocho años más tarde.

> «Para escuchar "Heartbreak Hotel" tenía que ir a una tienda de discos en Liverpool y escucharla una y otra vez con auriculares puestos. Su fraseo, su uso del eco, todo era hermoso.»
> **Paul McCartney**

LA CORONACIÓN DEL REY

Mientras su popularidad iba en aumento, el negocio que generaba seguía creciendo y provocando luchas de poder y ambiciones desatadas.

Durante las navidades del 1955 el mundillo musical de los Estados Unidos es un hervidero de comentarios, rumores y noticias sobre el fichaje de la discográfica RCA que ha convertido a un cantante de apenas veintiún años y una trayectoria de cinco *singles,* en la nueva estrella en el negocio de la música. El 10 de enero, sin apenas tiempo de digerir la celebración de su vigesimoprimer cumpleaños, Elvis Presley se enfrenta al reto de validar la fortuna que uno de los sellos más importantes del mundo ha pagado por él. En los estudios de la RCA en Nashville le espera un nuevo equipo encabezado por Steve Sholes, el responsable de la delegación de la discográfica en la capital de Tennessee y el hombre que más firmemente ha apostado por él. Excepto la presencia de sus históricos compañeros Scotty Moore y Bill Black, y de los más recientes acompañantes, el batería D. J. Fontana y el pianista Floyd Cramer, nada recuerda a los modestos estudios de Sun Records, todo es más grande, más moderno, más aparatoso, y además Sholes ha incorporado a la grabación al mítico guitarrista Chet Atkins, y un coro vocal de acompañamiento integrado por Gordon Stoker, de los Jordanaires, y el cuarteto de góspel Speer Family, reforzados por Ben y

Brook Spencer en algunos temas. Lo suficiente para amilanar a cualquiera que no sea Presley, que afrontó estas primeras sesiones con su nuevo sello con una absoluta madurez y profesionalidad. De aquella primera grabación, Steve Sholes salió con cinco temas que no suscitaron precisamente el entusiasmo de sus jefes de Nueva York cuando se las presentó. Sholes las defendió aparentando más seguridad de la que en realidad tenía y preparó un nuevo paquete de temas para que Elvis tuviese material en Sun para una nueva sesión de grabación. Mientras tanto, el coronel Parker seguía con su estrategia de consolidar a su representado como una estrella nacional, para lo que insistía en utilizar el nuevo trampolín promocional: la televisión, que por entonces llegaba ya a más de 20 millones de hogares estadounidenses.

Despegando hacia el número uno

El 27 de enero de 1956 sale al mercado «Heartbreak Hotel», su primer lanzamiento con la RCA, el primero que llegó al primer puesto del *Billboard Hot 100* y el primero que vendió más de un millón de discos. Ése fue el tema que provocó la confesión más sentida de John Lennon sobre el Rey del Rock: «Nada me afectó realmente hasta Elvis. Antes de Elvis no había nada. Cuando escuché por primera vez "Heartbreak Hotel", apenas podía distinguir lo que se decía. Fue sólo tener la experiencia de escucharlo y notar los pelos de punta». La canción fue escrita por Tommy Durden y Mae Boren Axton, que se basaron en el sui-

Con su primer disco de oro: *Heartbreak Hotel*.

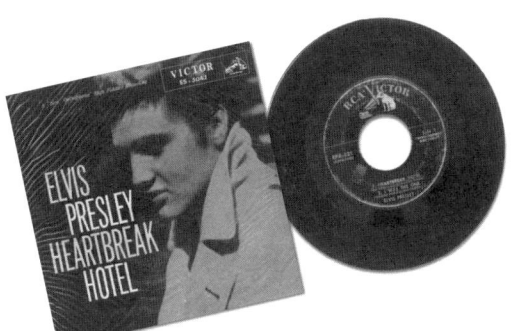

cidio real de un hombre desesperado que se tiró desde la ventana de un hotel dejando una nota que ponía «Camino por una calle solitaria», aunque recientemente se han manejado otras versiones, como la de su inspiración en la historia de un delincuente juvenil llamado Alvin Krolik. La cara B era «I Was the One», la canción preferida de Elvis en aquella primera grabación con su nueva discográfica, una balada que hablaba de un amor traicionado y que fue obviamente eclipsada por el clamoroso éxito de la cara A. Al día siguiente Elvis aparece en el *Stage Show*, un programa de variedades con actuaciones musicales y entrevistas a celebridades conducido por los hermanos Tommy y Jimmy Dorsey, dos leyendas del jazz. Ese día Presley compartió plató con la estrella del jazz Sarah Vaughan y el cómico Gene Sheldon, y su actuación fue presentada por Bill Randle, un conocido *disc-jockey* de Cleveland, quien lo anunció como «un joven que, como muchos artistas, entre ellos Johnnie Ray, salió de la

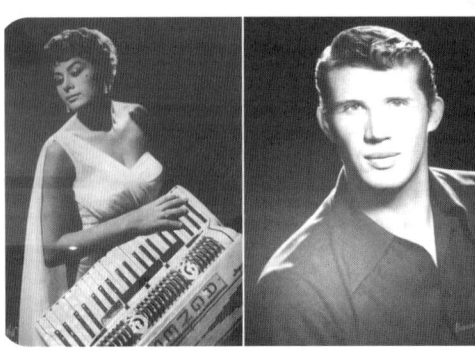

LA HISTORIA DEL HOTEL DE LOS CORAZONES ROTOS

En medio de la bulliciosa alegría que representaban las primeras canciones del primer rock 'n' roll, «Heartbreak Hotel» marcó una diferencia cargada de melancolía por la oscura y desasosegante historia que contaba. Sus autores, la maestra Mae Boren Axton y el músico Thomas Durden, se inspiraron, según su propia confesión, en la lectura de una noticia que hablaba del suicidio de un individuo anónimo que por toda explicación había dejado una nota que decía decía «I Walk in a Lonely Street» («Camino por una calle solitaria»). Según la versión más extendida, el protagonista de la historia resultaría ser Alvin Krolik, un hombre de veinticinco años, exmarine y artista fracasado, que al verse rechazado por la cantante de un club nocturno, cayó en una espiral de alcoholismo y delincuencia y que un mal día entró a robar en un local de Texas cuyo dueño tenía un récord de atracadores muertos: nueve, aparte de unos cuantos más heridos, y Alvin pasó a engrosar la lista de cadáveres. El romanticismo del suicidio y la nota lo puso un periodista que embarulló un poco las cosas al encontrar unas notas autobiográficas de Alvin en las que, entre otras cosas, decía: «Ésta es la historia de una persona que caminaba por una calle solitaria. Espero que esto ayude a alguien en el futuro».

nada para ser una gran estrella de la noche a la mañana. Lo vimos por primera vez mientras hacíamos un cortometraje y creemos que esta noche va a hacer historia en la televisión». Randle acertó de lleno, por que cuando un elegante Elvis cantó un popurrí de «Shake, Rattle & Roll», «Flip, Flop & Fly» y «I Got a Woman», la audiencia reaccionó con una mezcla de asombro e interés que le supuso a Elvis su participación en otros cinco programas de *Stage Show*, cobrando 1.250 dólares por cada uno. Al día siguiente estaba de vuelta en el estudio de grabación para grabar, entre otros temas, «Blue Suede Shoes», la canción de Carl Perkins que se estaba convirtiendo en el nuevo gran éxito de

Actuando en el Lousiana Hayride.

Sun Records. Tras un par de días trabajando y visitando Nueva York, realizó su segunda aparición en Stage Show, donde interpretó el «Tutti Frutti» de y «Babe, Let's Play House», la canción de Arthur Gunter cuya letra había adaptado para dedicársela a su Cadillac rosa. El sábado siguiente, en su tercera aparición las cosas se torcieron cuando decidió apostar por su gran éxito, «Heartbreak Hotel», y la orquesta de los hermanos Dorsey hizo una interpretación bastante irreconocible que desorientó al cantante.

Entre los viajes a Nueva York para participar en los programas de televisión, Elvis sigue trabajando frenéticamente, alternando las sesiones de grabación con las giras por los estados del Sur y las actuaciones en el *Louisiana Hayride*. En ocasiones el ritmo es tan frenético que se producen tensiones entre los músicos que le acompañan y el exigente coronel Parker, poco dado a compensar económicamente los esfuerzos y las horas extras. Estos músicos formaban un grupo variopinto que Tom Parker había reclutado en el *Opry* y del que formaban parte el cuarteto femenino Carter Sisters & Mother Maybelle, la segunda versión de The Carter Family, la mítica saga del country, y Charlie e Ira Louvin, o lo que es lo mismo The Louvin Brothers, uno de los dúos más famosos del *close harmony*, un subgénero de la música rural. Con Ira tuvo Elvis un serio enfrentamiento cuando aquél criticó su música y le llamó «pedazo de negro blanco» por su costumbre de cantar viejos temas de blues durante los tiempos muertos de los viajes o los ratos de espera en los camerinos. Tanta tensión tuvo consecuencias y a finales de febrero, durante una gira por Florida, Presley sufrió un desmayo después de su actuación. Aunque el médico le aconsejó descansar, al día siguiente estaba de vuelta en la carretera en compañía de sus camaradas de siempre, Scotty y Bill, a los que se habían unido el batería D. J. Fontana y su viejo amigo de los tiempos del instituto, Red West, que ejercía las labores de chófer.

Aprendiendo a cumplir sueños

Con sus padres en su casa de Audubon Drive, Memphis.

Mientras su popularidad iba en aumento y empezaba a trascender el circuito del hillbilly, el negocio que generaba seguía creciendo y provocando luchas de poder y ambiciones desatadas. El dos de marzo de 1956 Parker se convirtió en su representante exclusivo, después de rescindir el contrato de Bob Neal, un asunto que no sorprendió a nadie y del que quien más quien menos se desentendió en vista de lo bien que el coronel manejaba los asuntos de Elvis, al menos en lo que a la parte económica se refiere. Al día siguiente Elvis envía a casa un cheque de 500 dólares como señal para la compra de una nueva casa en el 1034 de Audubon Drive, un barrio acomodado de Memphis. La vivienda costaría al final 29.000 dólares, que salieron de las ganancias del *single Heartbreak Hotel*. Era el viejo sueño de Gladys hecho realidad. Pero aunque entonces nadie lo sospechaba, aquello no

LA CORONACIÓN DEL REY 57

había hecho más que empezar y al año siguiente darían el salto hacia una mansión con la que la familia, esta vez sí, jamás se había atrevido a soñar.

El 23 de marzo, mientras el cantante sigue con sus interminables giras, se produjo otro momento histórico en su meteórica carrera: el lanzamiento del LP *Elvis Presley*, el primero de sus 22 álbumes de estudio. Fue un éxito fulgurante. Se colocó diez semanas en el número uno del *Billboard* y capitalizó las intervenciones de Elvis en el programa televisivo de los hermanos Dorsey. La estrategia combinada de su representante y su discográfica lo estaban colocando en la cima del negocio musical en tiempo récord. El disco es una mezcla de los primeros temas grabados en los estudios de Sun Records y las nuevas canciones grabadas por la RCA, que necesitaba capitalizar cuanto antes la cara inversión que había realizado al comprar el contrato de Presley. Contiene desde versiones como «Blue Suede Shoes», de Carl Perkins, «I Got A Woman», de Ray Charles, «Tutti Frutti», de Little Richard, a clásicos como «Money Honey», un tema de Jesse Stone popularizado por Clyde McPhatter y los Drifters, o baladas populares como «Blue Moon». La revista *Rolling Stone* lo colocó en el número 55 de su lista de los

Elvis actuando en el show de los hermanos Dorsey.

500 mejores álbumes de toda la historia y su icónica portada, con una foto tomada por William *Red* Robertson en un concierto en Florida, con un energético Elvis cantando y tocando la guitarra, forma parte intrínseca de la historia del rock & roll y fue imitada por el grupo The Clash en su álbum *London Calling*, en 1979.

Un día después de la aparición del disco, el cantante regresa a Nueva York para participar por última vez en el programa de los Dorsey. Ha pasado menos de un mes desde su primera intervención, pero su actitud en el plató es mucho más madura, más relajada, mostrando un mayor dominio de sí mismo, y cuando interpretó su éxito «Heartbreak Hotel», que para entonces ya había vendido casi cien mil copias, el público reaccionó entusiasmado. Antes de despedirlo Jimmy Dorsey anuncia que el cantante se va a Hollywood a hacer una prueba para una película, una prueba más de la persistente labor de Tom Parker, que no perdía ni una sola ocasión de promocionar a su pupilo. Al día siguiente Presley está en California para encontrarse con el productor Hal Wallis, que preparaba el *casting* de la película *El farsante*, que se rodaría aquel próximo verano con Burt Lancaster y Katherine Hepburn como protagonistas. Elvis cantó y recitó algunos párrafos de texto, pero como él mismo reconoció, todavía no estaba preparado para actuar. Sin embargo, el coronel consiguió arrancarle al productor un contrato para hacer tres películas en el futuro.

El primer escándalo

El 3 de abril, casi sin tiempo para descansar, apareció por primera vez en *The Milton Berle Show,* el programa estrella de la NBC de los martes por la noche, dirigido por Milton Berle, uno de los primeros presentadores estrella de la televisión. En esta ocasión el *show* se emitía desde la cubierta del portaaviones USS Hancock, atracado en la Base

En el show de Milton Berle.

Aérea Naval de San Diego, California. Cantó tres temas ante un público formado mayoritariamente por marineros: «Shake Rattle & Roll», «Heartbreak Hotel» y «Blue Suede Shoes», y también participó en un número humorístico con el presentador, que interpretaba a un grotesco hermano gemelo de Elvis, Melvin, al que según el humorista le debía todos sus logros en esta vida. Aunque los resultados generales fueron buenos, no se puede decir que esta primera aparición televisiva fuese un éxito arrasador que pase a los anales de la historia de la comunicación, aunque el toque patriótico le proporcionó una audiencia bastante buena. Fue en su segunda participación en el programa, el 5 de junio, cuando se produjo uno de esos momentos míticos en la carrera del artista cuando dejó su guitarra a un lado e hizo una vibrante interpretación de «Hound Dog», derrochando movimientos pélvicos y golpes de cadera. El escándalo y la notoriedad estaban servidos a partes iguales.

Esa primavera de 1956 todo empezó a ir cada vez más deprisa. A principios de abril actuó por última vez en el Hayride, algo que le costó al coronel, o más bien a Elvis, 10.000 dólares como penalización por abandonar antes de que finalizase su contrato. Pero aquella cita con la música country era algo que empezaba a estar superado y era necesario atender a ofertas mejores. Las giras y los conciertos se sucedían sin descanso de una punta a otra del país, con un ritmo agotador. Y en los días sin actuación había que regresar urgentemente a Nashville a grabar temas nuevos. La voracidad de la RCA era insaciable. A finales de abril la banda tocó por primera vez en Las Vegas y también fue la primera vez que lo hicieron en un auditorio con el público sentado y formado mayoritariamente por adultos, escuchando atentamente, sin histerismos de fans. Pero Elvis aguantó el envite, a pesar que parte de los espectadores no acabaron de conectar con el espectáculo. El cantante disfrutó de la ciudad de una forma un poco infantil, ya que no bebía ni jugaba, dos de las principales diversiones de la ciudad. En catorce días, a dos pases por noche, tocaron una vez para un público juvenil y las cosas volvieron a lo de siempre: chicas que chillaban, que le arrancaban la ropa y que intentaban colarse en el camerino a toda costa. Fue una experiencia extraña en medio de aquella sucesión de éxitos encadenados, pero al final Elvis se fue con buen sabor de boca. Quien mejor aprovechó la ocasión, como siempre, fue Tom Parker, que se fue de la ciudad del juego con un contrato de siete años con la Paramount Pictures, lo que le aseguraba una salida como actor a su representado si aquello del rock, como siempre se temió el falso coronel, acaba pasando de moda.

A mediados de mayo Presley hizo un alto en su ajetreado programa de actuaciones para volver a casa y participar en el Carnival Cotton, la fiesta que cada año reunía en Memphis a la élite de la música country. Era una oportunidad de demostrarles a sus vecinos que seguía siendo uno de los suyos, que no había olvidado aquellos atardeceres tocando la guitarra y cantando en Lauderdale Courts, ni sus escapadas a Beale Street para escuchar a sus artistas negros favoritos. Pero a pesar de sus intenciones de comportarse como uno más fue necesario que la policía le escoltase hasta el Ellis Auditorium, donde se celebraban los conciertos principales. Cuando salió al escenario, el público enloqueció y él se creció animando a Scotty y Bill a retomar su salvaje energía juvenil en el escenario mientras interpretaban su éxitos del momento: «Heartbreak Hotel», «Long Tall Sally», «Money Honey» o «Blue Suede Shoes». A final tuvo que salir escoltado de nuevo. La fama le perseguía con la misma tenacidad que sus aficionados más fanáticos. En los días posteriores la locura de sus fans propició momentos tensos y preocupantes, como cuando en Kansas City la batería de Fontana y el contrabajo de Bill fueron pisoteados por la multitud.

La policía protege a Elvis de sus admiradores tras una actuación en el Auditorio de Memphis, en 1956.

Entre la veneración y el repudio

Pero no todo el mundo era un declarado fan del cantante y a medida que aumentaban sus éxitos también crecía el número de quienes protestaban airadamente contra quien consideraban un peligro para la moral pública. Tras una actuación en La Crosse, Wisconsin, el periódico de la diócesis católica local envió una carta al director del FBI, J. Edgar Hoover, advirtiéndole que: «Presley es un peligro definitivo para la seguridad de los Estados Unidos [...]. Sus acciones y movimientos despertaron las pasiones sexuales de los jóvenes adolescentes». Incluso los grandes comunicadores del país tuvieron sus momentos críticos, sobre todo en los inicios de su carrera, en los que no ahorraron descalificaciones y epítetos subidos de tono. Ed Sullivan, el presentador más famoso de la cadena de televisión CBS llegó a calificar su espectáculo como «incongruente con el público familiar», mientras que Steve Allen, la estrella de la NBC, afirmó que «carecía de talento y era absurdo». Quizá uno de los más duros fue el crítico Jack Gould, de *The New York Times*, quien afirmó tajantemente que Elvis no tenía ninguna habilidad destacable para el canto y que su fraseo era similar «a un aria cantada en la ducha por un principiante», aunque no le iba a la zaga Jack O'Brien en el *New York Journal-American* quien dijo: «La música popular ha alcanzado las profundidades más bajas con los gruñidos y las contusiones pélvicas de Elvis Presley». Tampoco algunos profesionales de la música se mostraron muy comedidos a la hora de descalificar aquella música que no entendían y cuyo máximo representante en aquel momento era alguien más joven y con mucha más popularidad, lo que amenazaba directamente la estabilidad de sus poltronas artísticas, como fue el caso de Frank Sinatra, que se despachó a gusto con la música de moda en la revista francesa *Western World*: «El rock and roll huele falso. Está cantado y escrito en su mayor parte por matones cretinos [...]. Se las arregla para ser la música marcial de todos los delincuentes con patillas en la faz de la tierra [...]. Es la forma más brutal, fea, desesperada, viciosa de expresión que he tenido la desgracia de escuchar.»

> «Su tipo de música es deplorable, un afrodisíaco de olor rancio. Fomenta reacciones totalmente negativas y destructivas en los jóvenes.»
> Frank Sinatra

Pero a la mayoría de los líderes de opinión que denigraban a Elvis y su música no les quedó otro remedio que rectificar e incluso compitieron para tener al Rey del Rock en sus programas, aunque en sus declaraciones públicas trataban de demostrar que lo hacían a regañadientes. La NBC, que había desembolsado 7.500 dólares para que el cantante actuase en el programa de Steve Allen, trató de justificarse reconociendo que Presley tenía un gran futuro, pero añadiendo que no iban a tolerar su mal gusto bajo ningún concepto. El propio Allen reconoció en antena que «se ha recibido una petición para que lo borre de nuestro programa». Pero el 1 de julio de 1956 el presentador se adelantaba a su máximo competi-

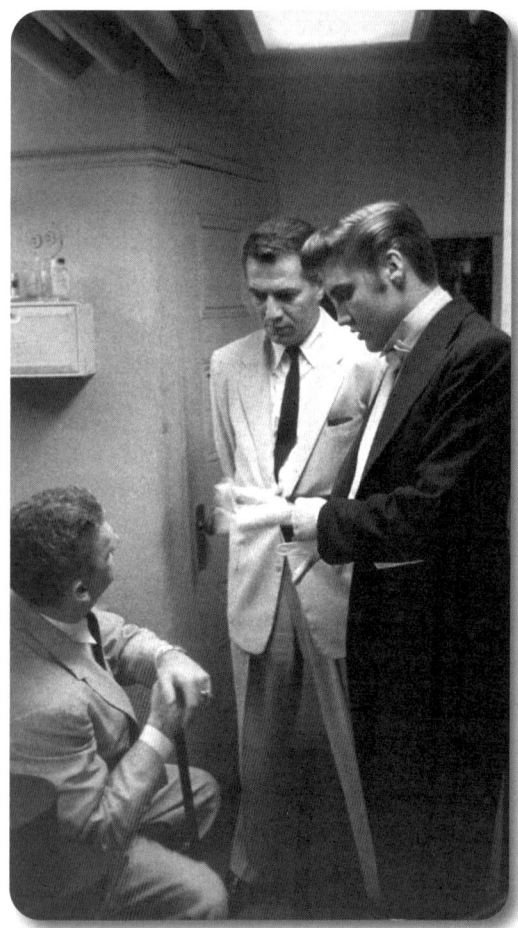
Esperando para actuar en el show de Steve Allen.

dor en la programación de la noche dominical, Ed Sullivan, y llevaba a su programa, *Tonight*, a Elvis Presley. Aunque el cantante ya había participado en varios programas, el verdadero escaparate ante la audiencia estaba en los programas de Allen y Sullivan, las mayores estrellas de la televisión del momento. El *show* de Allen era relativamente nuevo y había introducido una variante que le funcionaba muy bien y que consistía en guionizar la intervención de sus invitados para que éstos se involucrasen activamente en los números cómicos del programa, alguno que siempre suponía un riesgo y que en el caso de Elvis acabaría generando una histórica polémica. El presentador era un hombre con una buena formación musical, aunque un poco chapado a la antigua, y muchos seguidores del cantante interpretaron que con el tono jocoso y un tanto grotesco que le dio a su intervención había tratado de humillar al cantante, quien actuó vestido con un elegante frac, para presentar a un Elvis «purificado», tal y como había anunciado previamente la cadena de televisión. Lo cierto es que Elvis nunca se quejó del trato recibido y participó de buen grado tanto en los números cómicos como en los ensayos previos. En una entrevista concedida en 1996, Steve Allen desmintió haber recibido presiones de los directivos de la cadena NBC, que no se opusieron en ningún momento a la entrevista, sino todo lo contrario. Allen atribuyó toda la polémica de aquel momento en torno a los escandalosos movimientos de Elvis a Ed Sullivan, su rival en la CBS, y defendió la presencia de Elvis en el programa por el atractivo que el cantante poseía en aquellos momentos de gloria artística: «Era difícil decir lo que tenía, pero había algo inusual en él. Tenía una cualidad interesante.

No tenía una voz gloriosa, en el sentido de Andy Williams o Frank Sinatra en su mejor momento. Pero su sonido no era tan importante. Era la forma en que se conducía, la forma en que interpretaba una canción».

«HOUND DOG», LA BROMA QUE NADIE ENTENDIÓ

El momento culminante de la intervención de Elvis en el programa de Steve Allen se produjo cuando éste le propuso cantarle su tema «Hound Dog» a un perro de raza Basset Hound con un sombrero de copa, que obviamente no estaba por la labor de prestarle atención, lo que creó una sensación de ridículo, aunque el cantante actuó con bastante dignidad. La guinda del surrealista pastel fue el final del programa, cuando Elvis tuvo que prestarse a participar en una burda parodia que Allen y sus colaboradores del programa, Andy Griffith e Imogene Coca, hicieron de los espectáculos de música country. Aunque el público del plató pareció disfrutar lo suyo y el programa batió récords de audiencia, ni los fans del cantante entendieron la broma ni los críticos de Presley supieron apreciar sus esfuerzos por mostrarse como un profesional en medio de aquel espectáculo chabacano.

El sueño americano

Tras su intervención en el show de Steve Allen, Presley fue entrevistado por el columnista del *Herald Tribune*, Hy Gardner, en su programa de la cadena WRCA-TV. Aunque en un principio el periodista adoptó una actitud mordaz, el cantante se mostró sosegado y dio una imagen de alguien que sabe lo que hace pero está cansado de que le acosen gratuitamente. La sinceridad de sus respuestas pareció ir desarmando al entrevistador, que acabó adoptando un tono paternal para aconsejarle que no se amargase con las críticas y tratase de ver el lado positivo, que era, ni más ni menos, haber ayudado a su familia. En el fondo, era el reconocimiento a una evidencia que sus detractores se negaban a ver: Elvis encarnaba el sueño americano del chico pobre que llega a lo más alto gracias a su esfuerzo y jugando según las reglas que la sociedad le había marcado. Fue en esa entrevista donde pronunció la famosa frase que le descartaba como un rebelde con causa: «No puedo entender que haya una música que tenga una mala influencia sobre la gente cuando no es más que música. Es decir, ¿cómo puede ser que el rock 'n' roll convierta a alguien en un rebelde contra sus padres?».

Afortunadamente para la estrella del rock, su actividad principal no era promocionarse y defenderse de los ataques que recibía, por muy importante que esto fuese, y podía refugiarse en el estudio para hacer lo que más le gustaba: hacer música. En aquellos ajetreados días volvía a los estudios de su discográfica para grabar uno de sus temas más emblemáticos de su actuaciones en directo y que supondría su coronación definitiva en el reino del rock, aunque tampoco estaría exento de polémica: «Hound Dog». El tema había sido creado en 1952 por el famoso dúo de compositores, Jerry Leiber y Mike Stoller, que acabarían firmando un buen número de éxitos de Presley, y originalmente fue grabado por la *blueswoman* Big Mama Thorton, que logró con él su éxito más notorio, con medio millón de copias vendidas, una cifra que fue ampliamente superada por la versión de Elvis, que acabaría vendiendo diez millones de discos, convirtiéndose en su canción más exitosa al llegar al número uno en las tres listas de éxitos, las de rhythm & blues, country y pop. Sin embargo, el tema siempre ha estado rodeado de una aureola de malditismo y controversia. Big Mama sufrió el éxito de Presley cuanto se encontraba en sus momentos más amargos, atrapada en el alcohol y semiolvidada por el mundo de la música, a Leiber y Stoller no les gustó nada la acelerada versión del Rey del Rock y los cientos de versiones que hicieron todo tipo de artistas, de Rufus Thomas a Jack Turner o Etta James, la convirtieron en un eterno motivo de demandas y querellas judiciales. El día de la grabación de la versión de Elvis, fue necesario hacer más de treinta tomas antes de encontrar el sonido adecuado. Aquélla fue la primera vez que los Jordanaires, uno de los cuartetos de góspel preferidos del cantante, trabajaron con él. A partir de entonces se convirtieron en su principal grupo de acompañamiento hasta finales de los años sesenta. De aquella sesión salió también la mítica cara B del *single*, «Don't Be Cruel», un tema de Otis Blackwell, un exitoso cantante de rhythm & blues, que se colocó en el segundo puesto de las listas de pop con más de un millón de copias vendidas.

Con su novia June Juanico en el verano de 1956.

Aquel verano de 1956 el cantante mantiene un idílico romance con June Juanico, una muchacha de la localidad de Biloxi que había conocido meses antes, durante una de sus actuaciones en Memphis. Dixie comienza a ser parte del pasado y la prensa se hace eco del nuevo noviazgo, hasta el punto de que una emisora de Nueva Orleans anuncia el compromiso formal y Elvis y June se personan en el programa para desmentirlo. Son días de felicidad y calma entre todo el ajetreo vital que ha vivido al convertirse en una de las personalidades más famosas del año. En agosto vuelve al trabajo para empezar a rodar su primera película, *Love Me Tender*. A pesar de tener un contrato con los estudios Paramount, el coronel ha logrado que lo cedan a la Twentieth Century Fox para su estreno cinematográfico en el que tendrá un destacado papel. Además, su presencia será decisiva para el cambio de nombre de la película, que originalmente se iba a llamar *The Reno Brothers*, pero se retitula antes de su lanzamiento para capitalizar la popularidad del tema «Love Me Tender», que Elvis interpreta en el film y al que todos auguran un éxito de la banda sonora. La RCA respira relajada. Su inversión de 40.000 dólares está resultando absolutamente rentable, a tenor de datos de ventas como los obtenidos por el *single* de «Hound Dog» y «Don't Be Cruel», que había salido al mercado a principios de verano y estaba a punto de convertirse en disco de oro.

El idilio con June continuaba y provocó una tormenta de verano en el mundo privado del cantante cuando Tom Parker leyó en un periódico una entrevista con la muchacha en la que hablaba de su relación con Presley. El mánager estalló y le advirtió que una de las claves de su popularidad era la fidelidad de sus admiradoras y que hechos como aquél podían mandar al traste su carrera, algo que indispuso al muchacho con su novia hasta el punto de declararle a un periodista que no había nada serio entre ellos. En cualquier caso, el coronel tenía razón en una cosa, el trato con los medios de comunicación era una de las piedras angulares del negocio y había llegado el momento de someterse al escrutinio de una de las figuras más importantes de la televisión, Ed Sullivan, quien había declarado en reiteradas ocasiones que las «lascivas actuaciones de Elvis» eran incompatibles con los tradicionales valores familiares y no tenían cabida en un programa como el suyo. Pero, tras el éxito de audiencia del programa de Allen, tuvo que tragarse todas sus insolentes y groseras declaraciones anteriores y el 9 de septiembre de 1956 se llevó a Elvis a su *show* en la CBS, pagándole la nada despreciable cantidad de 50.000 dólares por cantar tres canciones. A diferencia de Steve Allen, Sullivan solía limitarse a presentar a sus invitados, hacerles algunas preguntas y permitir que el artista en cuestión actuase sin necesidad de involucrarse en ningún *sketch* guionizado, lo que *a priori* suponía un trámite más simple.

Durante su primera aparición en el Ed Sullivan Show.

En realidad, aquel día fue el actor Charles Laughton quien presentó el programa en lugar de Sullivan, que se estaba recuperando de las lesiones sufridas en un accidente de coche. En sus dos apariciones dentro del programa, Elvis cantó cuatro temas en una conexión en directo desde Hollywood, donde estaba rodando: «Don't Be Cruel», «Love Me Tender» y sus versiones de «Ready Teddy» y «Hound Dog». En realidad esos temas no eran tan revolucionarios ni novedosos como querían hacer creer los detractores de la emergente estrella del rock 'n' roll. De hecho, la canción más novedosa, «Love Me Tender», era una versión actualizada de «Aura Lee», una canción de la época de la Guerra de Secesión con una letra «lacrimógena que nos recuerda las sentimentales baladas de salón del siglo XIX», como apunta Ted Gioia en su libro *Canciones de amor: La historia jamás contada*. Aquel día el show de Sullivan tuvo una audiencia de más del 80 por ciento, todo un récord en la historia del programa, aunque algunos echaron de menos a Elvis. Nunca antes se había logrado una audiencia de tal magnitud. Pero una buena parte de la audiencia se quejó de la censura encubierta de las cámaras, que durante el primer pase enfocaron al artista sólo de cintura para arriba, evitando así que se viesen sus sinuosos movimientos de cadera. algo que no sucedió en el segundo. Cuando cuatro meses después cantó «Hound Dog», en su segunda visita al programa, a los conservadores directivos de la CBS no les quedó más remedio que dar el brazo a torcer

«Hound Dog»

You ain't nothin' but a hound dog
Cryin' all the time
You ain't nothin' but a hound dog
Cryin' all the time
Well, you ain't never caught a rabbit
And you ain't no friend of mine
Well, they said you was high-classed
Well, that was just a lie
Yeah, they said you was high-classed
Well, that was just a lie
Yeah, you ain't never caught a rabbit
And you ain't no friend of mine

No eres más que un perro de caza
Llorando todo el tiempo
No eres más que un perro de caza
Llorando todo el tiempo
Bueno, nunca has atrapado un conejo
Y no eres amigo mío

Bueno, dijeron que eras de clase alta
Bueno, eso era sólo una mentira
Sí, dijeron que eras de clase alta
Bueno, eso era sólo una mentira
Sí, nunca has atrapado un conejo
Y no eres mi amigo

y permitir el desbocado baile del cantante durante toda su actuación. A buena parte de los directivos de la industria del ocio les estaba costando entender que gran parte del éxito de Presley se debía a «Esa energía, esa pasión, ese carisma, ese grito primario que iba dirigido expresamente a los jóvenes que compraban *singles* y necesitaban de un ídolo de su generación», tal y como cuenta Xavier Valiño en su libro *La cara oculta de la luna. Las 50 portadas esenciales del rock*.

La primera vez en Hollywood

Su fama de ídolo juvenil es su carta de presentación en Hollywood, donde su nueva faceta de actor le proporciona nuevas diversiones y nuevos amigos, como Dennis Hopper y su compañero de habitación, Nick Adams, uno de los miles de aspirantes a actores que sobrevivían en la meca del cine haciendo pequeños papeles y que moriría diez años después por una sobredosis de medicamentos,

Con la actriz Natalie Wood, en Hollywood.

en un paralelismo con el propio Presley. Fue precisamente gracias a Hopper como conoció a una de las actrices más populares y deseadas del momento, Natalie Wood, compañera de reparto de Dennis en *Rebelde sin causa*. Atraída por su fama, fue ella quien pidió que le presentaran a la estrella del rock, que consiguió deslumbrarla en la primera cita invitándola a ver una película... y alquilando todo el cine para ellos solos, algo que se convertiría en una táctica galante habitual a lo largo de su vida. En contrapartida, Natalie le envió dos camisas hechas a mano al set de rodaje de *Love Me Tender*. Elvis se entusiasmó con la relación hasta el punto de invitar a la actriz a su casa en Memphis, pero allí su madre se encargó de dinamitar aquel incipiente noviazgo, que no veía con buenos ojos. La Wood, que era todavía una adolescente, le parecía demasiado atrevida a Gladys, que era muy celosa de la intimidad de su hijo y que estaba encantada con June, la presunta novia de Elvis

Con sus padres, de regreso a Tupelo en 1956.

por entonces, así que ahuyentó a Natalie con un comportamiento un tanto autoritario.

Antes de acabar el rodaje de su primera película, Elvis regresa a su ciudad natal, Tupelo para asistir de nuevo, después de ocho años, a la Feria y Exposición de Productos Lácteos, la misma en la que había cantado siendo un niño. En esta ocasión también cantaría, aunque ese día, el 26 de septiembre, había sido declarado el Día de Elvis Presley y fue recibido por todas las autoridades locales y por un vecindario entusiasmado que le obsequió con un desfile al que Vernon y Gladys asistieron con los ojos humedecidos por la emoción. Regresaba convertido en una celebridad y protagonizó un concierto multitudinario que puso patas arriba su pueblo natal. En la rueda de prensa que celebró ante sus antiguos vecinos se mostró entusiasmado y bromeó afirmando cosas como: «De niño me echaban de esta feria tirándome por la valla. Ésta es la primera vez que me escoltan para entrar», según recoge Peter Guralnick en su biografía. Tras el baño de multitudes regresó a Hollywood para terminar el rodaje y pasar unos días con June a la que invitó a ir a verle en avión, aunque cada día les resultaba más difícil estar solos. La presencia de Elvis provocaba en la gente una extraña euforia que en ocasiones acababa en una agresiva locura. El peso de la corona del Rey del Rock empezaba a ser excesivo.

El 19 de octubre RCA publica su segundo álbum de estudio, *Elvis*, que se mantuvo cuatro semanas en el primer puesto del *Billboard Top Pop Albums* y se convertiría en disco de oro dos años después. Los éxitos se suceden y el coronel Parker mantiene en perfecto funcionamiento la maquinaria promocional. Poco más de una semana más tarde, el cantante hace su segunda aparición en *The Ed Sullivan Show*, esta vez con el propio Sullivan al frente del programa y con un Elvis cada vez más seguro de sí mismo y con una popularidad que aumenta día a día, en parte gracias a gestos como el que protagoniza antes de su inter-

vención televisiva participando en una campaña de vacunación contra la polio. Esta vez la audiencia se queda en un 57 por ciento, que sigue siendo la más alta de la noche. Una prueba de su creciente fama se produjo al día siguiente cuando tuvo que rodar un nuevo final para la película *Love Me Tender*, cambiando su muerte por una actuación interpretando la canción de la película, después de que los estudios cinematográficos recibieran un montón de peticiones para que la recién nacida estrella del cine no muriese en su primera aparición en pantalla. La película se estrena el 15 de noviembre en el Teatro Paramount de Nueva York y se convierte en un éxito rotundo con buenas críticas para su actuación en este melodrama ambientado en los días posteriores a la Guerra de Secesión.

1956, el año triunfal de Elvis, en el que ha pasado de ser una estrella local a una celebridad nacional, termina con la noticia de un nuevo contrato con la RCA con el que el coronel le garantiza al cantante mil dólares semanales durante los próximos veinte años. Sus derechos de autor en su primer año con la discográfica están a punto de alcanzar el medio millón de dólares, a los que hay que sumar los 250.000 que cobra por su primera intervención en el cine. El 31 de diciembre *The Wall Street Journal* informa en portada que en los últimos meses el *merchandising* de Elvis, que unos meses antes Tom Parker había encargado el comerciante californiano Hank Saperstein, ha recaudado 22 millones de dólares. Pero estos éxitos comerciales y sus cinco *singles* y dos álbumes en los números uno de las lista de éxitos también han tenido su contrapartida negativa con las controversias generadas en torno a su figura, las acusaciones de pervertir a la juventud y el menosprecio hacia su música y sus gustos personales.

EL CUARTETO DEL MILLÓN DE DÓLARES

El 4 de diciembre de 1956 se produjo una conjunción estelar difícilmente repetible, que tuvo como escenario las instalaciones de Sun Records. Elvis se encontraba en Memphis pasando unos días, libre de la vorágine de conciertos y tratando de apartarse de la presión a la que lo sometía su condición de estrella del rock 'n' roll, así que decidió acercarse a saludar a su viejo amigo y mentor de sus primeros días como cantante, Sam Phillips. En el estudio se encontró con la nueva estrella de su antigua discográfica, Carl Perkins, que disfrutaba del éxito que estaba consiguiendo «Blue Suede Shoes» y que en ese momento estaba trabajando en un nuevo tema, acompañado al piano por la última incorporación de Sun Records, el visceral y brillante Jerry Lee Lewis. Para completar el cuadro también se encontraba allí por casualidad el adusto Johnny Cash, la apuesta de Sam Phillips para hacerse con un trozo importante del pastel de la música country. Los cuatro se reunión por azar junto al piano de Lewis. Eran jóvenes y estaban ansiosos de comparar sus habilidades y de paso pasar un rato divertido. El dueño de la discográfica no quiso dejar escapar la ocasión de inmortalizar aquella reunión de talentos musicales y llamó a un fotógrafo y un periodista para que diesen fe de aquel especial momento. Ajenos a la importancia de la reunión, las futuras leyendas del rock cantaron juntos y bromearon un buen rato. Pero alguien había decido grabar aquel instante histórico y cuando en 1969 el productor Shelby Singleton compró los estudios decidió tratar de localizar aquella cinta acerca de cuya existencia se habían hecho cábalas durante tantos años, y que al fin fue localizada entre miles de horas de grabaciones desechadas. Aquel grupo de leyendas pasó a la historia como el cuarteto del millón de dólares.

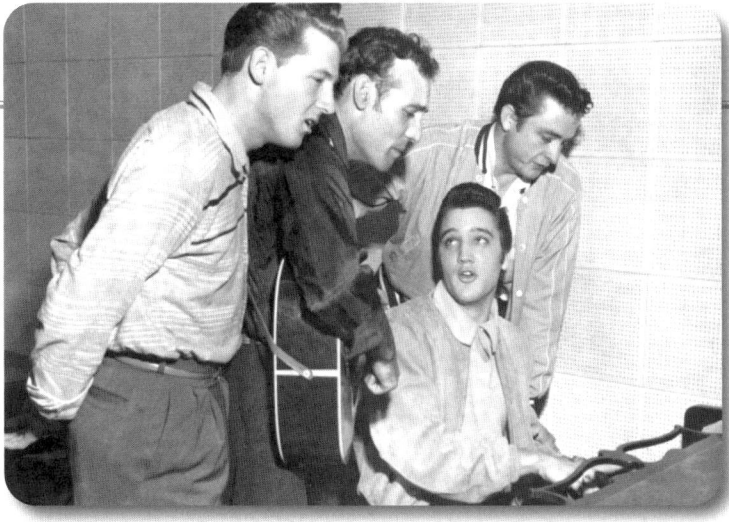

El cuarteto del millón de dólares.

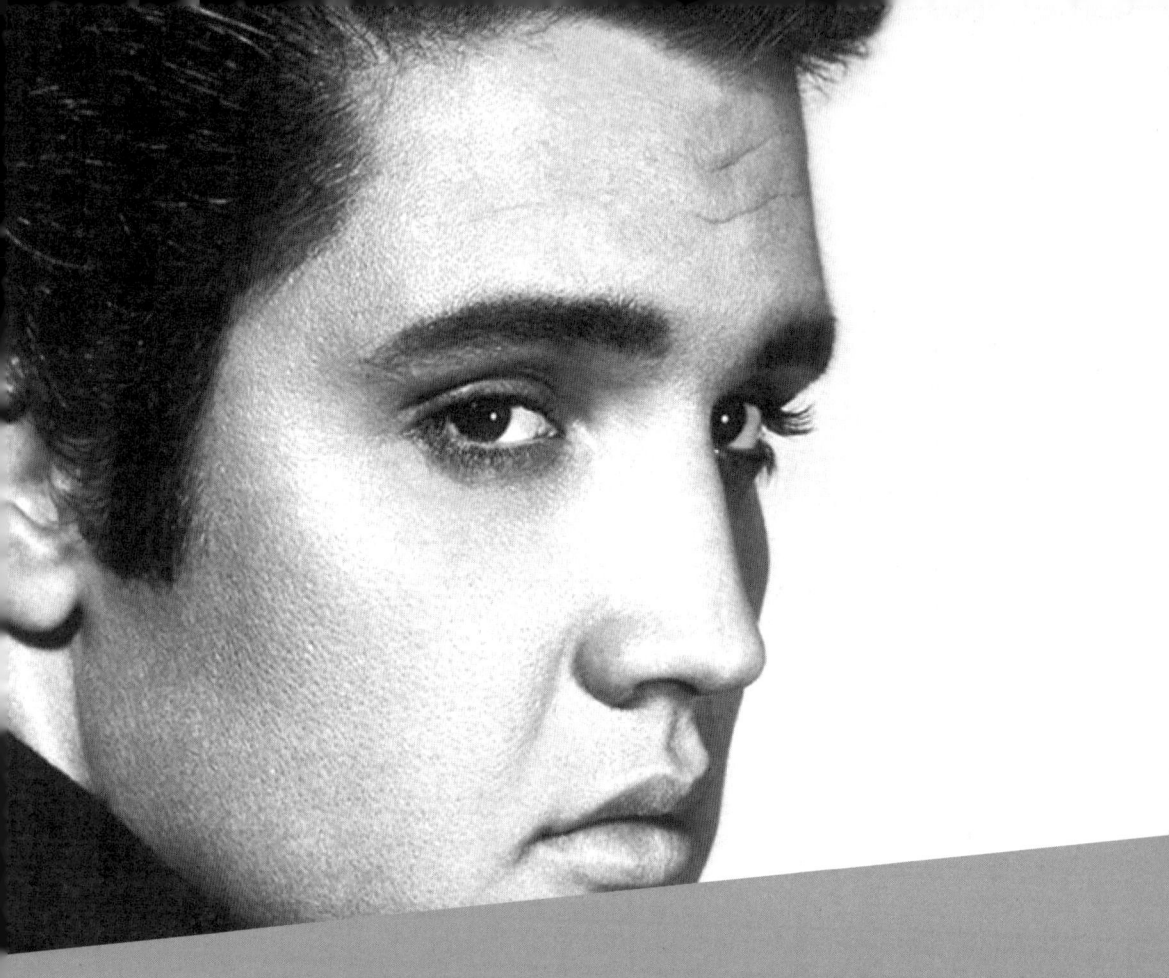

Con veintidós años de edad Elvis Presley ha llegado a lo más alto del negocio musical. Su mezcla de música country, rhythm & blues, góspel y pop ha logrado imponerse contra todo pronóstico y ha cautivado a una juventud ávida de nuevas señas de identidad. El rock 'n' roll es la nueva religión juvenil y Elvis el profeta que anuncia la llegada de un nuevo tiempo con santones como Jerry Lee Lewis, Carl Perkins, Little Richard o Gene Vincent. Será un periodo corto pero intenso, tras el que ni la música, ni la cultura popular, ni las modas, ni las costumbres sociales volverán a ser las mismas.

> «Cuando era niño, señoras y señores, era un soñador. Leía cómics, y era el héroe de cada historia. Veía películas, y yo era el héroe de cada film. Así que cada imagen que alguna vez soñé, se ha hecho realidad cientos de veces...»
> **Elvis Presley**

UN AÑO EN LA CUMBRE

Tenía el cariño de sus padres y la satisfacción de haberles dado por fin una despreocupada situación económica, era admirado, tenía una novia que le quería con devoción y podía permitirse todos los caprichos. Pero faltaba el calor de las viejas reuniones con amigos.

Elvis inaugura el año 1957 con el lanzamiento el cuatro de enero de un nuevo *single*, «Playing for Keeps», una balada con unos discretos resultados en las listas, y con «Too Much» en la cara B, que, por el contrario, se situó durante tres semanas en el número uno. Dos días después realiza su tercera y última intervención en el *Ed Sullivan Show*. Aquel 6 de enero desplegó toda su artillería musical interpretando su temas más famosos: «Hound Dog», «Love Me Tender», «Heartbreak Hotel», «Don't Be Cruel», «Too Much», «When My Blue Moon Turns To Gold Again» y «Peace In The Valley», un góspel que no entraba en las previsiones del director del programa, pero que éste saludó con todas las bendiciones. Esta vez su aspecto era más extravagante de lo habitual, con una ropa de aire oriental y un osado maquillaje en los ojos. Contra todo pronóstico, y al contrario de lo que había sucedido en sus dos apariciones anteriores, los bailes del cantante fueron censurados por el método de filmarlo de cintura hacia arriba, algo que había sucedido sólo de manera anecdótica en la primera parte de su debut en el programa, casi seis meses antes. El acoso contra la estrella del rock por lo que algunos calificaban de actitud escandalosa y provocadora, se había intensificado en los últimos tiempos y la dirección de la cadena CBS cedió a las presiones de los sectores más rancios y conservadores, hasta el punto de que el propio Sullivan intentó solidarizarse con el cantante afirmando en su despedida: «Éste es un chico realmente decente y bueno. Nunca hemos tenido una experiencia más agradable en nuestro programa con un gran nombre que la que hemos tenido contigo». A partir de entonces, las apariciones públicas del cantante empezarían a restringirse y no volvería a la televisión hasta 1960 para celebrar su regreso del ejército. En el plano personal, la vida de Elvis también estaba cambiando vertiginosamente. Por esos días su novia era Dott Harmony, una bailarina que había pasado las navidades con la familia Presley, mientras June abandonaba toda esperanza y decidía

En el Ed Sullivan Show, en 1957.

casarse con un nuevo pretendiente. Scotty Moore y Bill Black, sus inseparables compañeros de conciertos, discos y carretera, empezaban a notar que se los iba haciendo a un lado, mientras su situación financiera se volvía cada día más precaria.

Señales de alerta

Dos días después del *show* de Sullivan, la junta de reclutamiento de Memphis anunció que Presley había sido declarado apto para el servicio y que probablemente sería llamado a filas en algún momento a lo largo de ese año, algo que activó todas las alarmas en el entorno personal del cantante. Gladys y Vernon no querían ni imaginar la posibilidad de pasar dos años alejados de su hijo, y el coronel y las personas que dependían laboralmente de él temían que el ejército supusiese el final de su meteórica carrera artística. Sin embargo, el posible reclutado afirmó que estaba dispuesto a servir a su patria dónde y cuándo se lo demandasen. Adonde sí se incorporó inmediatamente fue al rodaje de la película *Loving You*, en la que iba a interpretar su primer papel protagonista, el de un chaval trabajador y un tanto rebelde, reconvertido en cantante en pleno ascenso a la fama. En la película, Elvis interpreta siete canciones compuestas expresamente para el film, acompañado por su banda habitual. El disco resultante, al que se incorporó «Don't Leave Me Now», una octava canción descartada del largometraje, se aupó durante diez semanas al primer puesto de la lista *Billboard 200* y se convirtió en disco de oro en 1958. El coronel había elegido deliberadamente la participación de su pupilo en una película ligera y nada comprometida para distanciarlo de las polémicas que pesaban sobre la violencia y la rebeldía que arrastraban los films sobre rock 'n' roll.

Durante el rodaje de la película *Loving You*.

En Hollywood el cantante recibió la visita de sus padres que se pasearon por los estudios encantados por todas las atenciones que recibían del equipo de producción de la película e incuso acabaron siendo incluidos en una de las escenas finales de la misma, asistiendo entusiasmados a uno de los números musicales

de su hijo. Pero la verdadera sorpresa les esperaba a su regreso a Memphis, donde el 17 de marzo Elvis los llevó a visitar Graceland, una mansión ubicada en el 1034 de Audubon Drive, a unos 12 kilómetros del centro de la ciudad y decide comprarla por algo más de 100.000 dólares. Mientras un ejército de decoradores y trabajadores de todo tipo se afanaban para dejar la casa al gusto del nuevo propietario, el cantante emprende una nueva gira que comienza en Chicago, donde estrena el ostentoso traje hecho con láminas de oro que costaba 2.500 dólares, un dineral que no le impidió al cantante arrodillarse en el escenario, algo con lo que casi le provoca un infarto a su mánager, poco dado a derroches. La tensión acompañó a toda la gira, con tumultos protagonizados por las fans y alguna que otra amenaza contra la seguridad del equipo de Presley. Fue en esa gira cuando Oscar Davis, mano derecha del coronel, intentó capitalizar el descontento creciente

de los músicos de la banda del cantante y de su coro, los Jordanaires, para ofrecerse a representarlos y librarse de la tiranía de Tom Parker, pero al final todos decidieron seguir con sus 200 dólares por semana de trabajo, una cifra casi ridícula teniendo en cuenta los 300.000 dólares que proporcionaron las actuaciones de aquella gira.

Cuando regresó a Memphis, en vista de que las obras de Graceland todavía no habían concluido, Elvis se llevó a sus padres a Hollywood, donde el 13 de mayo comenzaría el rodaje de su tercera película, *Jailhouse Rock,* en la que Presley Elvis interpreta a un joven que es encarcelado por un homicidio involuntario y gracias a su compañero de celda aprende a tocar country, para luego desarrollar su propio estilo con el que graba una canción, funda una pequeña discográfica y acaba rehabilitándose y triunfando gracias al rock and roll. Pero antes había que grabar la banda sonora, que se registró en los estudios Radio Recorders, de Los Ángeles, entre el 30 de abril y el 3 de mayo de 1957. Jerry Leiber y Mike Stoller, que mantenían sus reticencias respecto a Elvis desde su versión de «Hound Dog», fueron los encargados de materializar seis canciones, una de las cuales, la que da título a la película ya había sido editada como *single*. Al final ese tema, junto a «Young And Beautiful», «I Want To Be Free», «Don't Leave Me Now» y «(You're So Square) Baby I Don't Care», fueron editadas en un EP en el que se descartó una sexta, «Treat Me Nice». Las sesiones de grabación provocaron el provechoso efecto de limar las asperezas entre los compositores y el cantante en el que descubrieron a un auténtico apasionado y buen conocedor de la música popular, o dicho en palabras de Mike Stoller: «Creíamos que éramos los dos únicos chicos blancos que entendíamos algo de blues, pero él lo sabía todo».

Fotograma de *Jailhouse Rock*.

Fascinado por el cine

El contacto directo con el mundo del cine creó unas nuevas expectativas en el artista, que comenzó a plantearse seriamente la posibilidad de convertirse en un actor de verdad, más allá del rol de cantante que interpreta un papel, que era el que parecía que le estaba reservado y, sobre todo, el que el coronel Parker tenía en mente como más rentable. Durante su tercer rodaje trató de cerca a grandes actores como Glenn Ford, Yul Brynner o Robert Mitchum, que incluso llegó a ofrecerle un papel, y comenzó a intentar aprender algo de cada uno. En el ambiente del cine caía bastante bien por su carácter afable y por su buena disposición. A muchos les asombraba que, siendo como era la estrella más rutilante del rock 'n' roll, estuviese habitualmente dispuesto a entretener a sus compañeros cantando y tocando la guitarra si se lo pedían.

> **BAILANDO ROCK EN LA PRISIÓN**
>
> La primera escena de la película *Jailhouse Rock* que se rodó fue precisamente la más impactante de todas y la que le otorgaría fama eterna: la secuencia del baile en el decorado carcelario al ritmo del tema que da título al film, a menudo considerado como el primer videoclip de la historia. La coreografía creada por Alex Romero, un histórico que se inspiró en los mejores bailarines de musical, Fred Astaire y Gene Kelly, no acabó de convencer a Elvis y fue el propio coreógrafo el que animó al cantante a tomar las riendas del asunto y plantearse los movimientos como mejor considerase, algo en lo que contó con la colaboración del bailarín Russ Tamblyn, a quien conoció la noche anterior al rodaje de la escena. A la mañana siguiente, Presley tenía ya la coreografía completa. Tanto entusiasmo puso en su ejecución, que en una de las tomas en la que debía deslizarse por una especie de barra de bomberos acabó tragándose una de sus fundas dentales, algo que provocó un momento de tensión al necesitar una intervención médica que dejó al cantante afónico durante un par de días.

Al final del rodaje de *Jailhouse Rock*, Elvis regresó a Memphis, donde el 10 de julio se estrenó su anterior película, *Loving You*, en el Teatro Strand. Sin embargo, Presley no se presentó a la *première*, prefiriendo montar una proyección privada a medianoche, a la que invitó a sus padres y a su novia, que en ese momento era Anita Wood. Se había prendado de Anita al verla en un programa de televisión y habían comenzado a verse con asiduidad. Para entonces la familia ya se había instalado en Graceland y vivían en un estado muy próximo a la felicidad, a pesar de que a Gladys le costaba adaptarse a aquella vivienda tan fastuosa que a veces conseguía deprimirla. En una ocasión llegó a confesarle a uno de los parientes que acudían a visitarla que se sentía la mujer más desgraciada del mundo. Pero en general, aquella mujer que tanto había peleado por sacar a su familia adelante se sentía satisfecha y orgullosa de ver hasta dónde había llegado su hijo, aunque nunca logró desprenderse de aquel permanente temor a que pudiese sucederle algo malo y que probablemente estaba vinculado a la pérdida de aquel hermano gemelo de Elvis que había fallecido en el parto. Al final estableció su cuartel general en la cocina, desde donde su presencia se irradiaba a toda la mansión y donde recibía a familiares y amigos para charlar sobre los viejos tiempos y tomarse una cerveza con ellos, algo que irritaba a Elvis, un detractor del alcohol. Vernon sin embargo estaba exultante y apenas se parecía al hombre indolente que había sido en su juventud. El éxito de su hijo había puesto en sus manos una fortuna que administrar y estaba encantado de manejar el timón de la nave familiar, aunque muchas veces no era capaz de entender muy bien aquel mundo que rodeaba al cantante.

La cocina de Graceland, feudo de Gladys.

Lo único que turbaba aquella placidez era una sensación indefinida de que algo estaba cambiando, de que se avecinaba una especie de ruptura con el pasado. Era una especie de premonición que se plasmaba en sucesos como el enfrentamiento entre el cantante y su antiguo amigo Dewey Phillips, el *disc-jockey* que había propiciado su lanzamiento inicial. Ambos habían tenido un desencuentro cuanto Dewey visitó a Elvis en Hollywood y respondió a su hospitalidad portándose con una grosería extrema con todos los amigos y conocidos de Presley. Para acabar de complicarlo todo, Phillips se había llevado sin permiso una copia del *single* «Teddy Bear», que aún no había sido editado, lo que le costó al cantante una reprimenda tanto del coronel como de los ejecutivos de la RCA. Desde entonces la tensión había ido en aumento, y todo se descontroló una noche en que el *disc-jockey* se presentó en Graceland amenazando a gritos al cantante, lo que a su vez provocó una respuesta airada y acabó causándole a Gladys una crisis nerviosa que su hijo nunca pudo perdonar.

Con Dewey Phillips.

Ese verano se produjo un hecho luctuoso que afectó mucho a Elvis: la muerte de su antigua novia June y su marido en un accidente de circulación. A finales de agosto regresó al trabajo para afrontar una nueva sesión de grabación en Hollywood y una nueva gira que había organizado su infatigable mánager. La gira discurrió por los esquemas predecibles de tumultos, expresiones de entusiasmo desatado e interminables horas de carretera. Del 5 al 7 de septiembre regresó al estudio para completar la grabación de su cuarto álbum de estudio, *Elvis' Christmas Album*, su primer disco de canciones navideñas, para el que volvió a contar con Leiber y Stoller que escribieron uno de los temas navideños más espectaculares que se han hecho nunca, «Santa Claus Is Back in Town», un rock inspirado en un blues, con una letra de doble sentido y una fuerte carga satírica. También incluía temas como «Blue Christmas», escrita por Billy Hayes y Jay W. Johnson, villancicos tradicionales como «White Christmas», en la versión de la versión de The Drifters, espirituales como «Peace in the Valley», o versiones de temas populares como «Wooden Heart». El disco salió al mercado el 15 de octubre de 1957 y se mantuvo durante cuatro semanas en el primer puesto de la lista *Billboard Top Pop Albums*, convirtiéndose en la banda sonora de aquellas Navidades a pesar de las fuertes críticas que recibió desde sectores religiosos conservadores, que consideraron algunos temas como una irrespetuosa burla. Irving Berlin, el compositor de «White Christmas», popularizada quince años atrás por Bing Crosby, llegó a exigir a las emisoras de radio que prohibiesen su emisión por considerar la canción «una parodia profana de su clásico navideño». En la mayoría de los casos su petición cayó en saco roto, pero curiosamente, sí tuvo mucho efecto en Canadá, donde casi ningún programa emitió el tema. Andando el tiempo se convertiría en el álbum navideño más vendido del mundo, con 20 millones de copias.

El fin de una época

Al final de las sesiones de grabación de Hollywood se produciría un hecho que no por esperado fue menos triste y desagradable. Scotty Moore, Bill Black y D. J. Fontana tenían la promesa de Elvis de que les dejaría el estudio para realizar una grabaciones instrumentales y que incluso les acompañaría al piano en algún tema. Pero cuando acabó la grabación del disco navideño el responsable del estudio les dijo que se había acabado, que debían abandonarlo. Ellos esperaban que Elvis les respaldase, pero no lo hizo y sus tres viejos camaradas de conciertos y carretera regresaron al hotel completamente decepcionados. Scotty y Bill escribieron una carta de renuncia, que D. J. no quiso suscribir, y se la enviaron a Elvis al hotel donde se alojaba. El cantante reaccionó como si se tratase de una traición personal, sin pensar en las agraviantes y dolorosas razones que había detrás de aquella renuncia. Ni Parker ni Sholes, el director ejecutivo de la RCA, quisieron meterse en aquel asunto y lo dejaron en manos de Presley. A ellos ya les venía bien que se cortaran las últimas amarras que unían a su estrella con el pasado. Habían diseñado para él un futuro esplendoroso, en el que tenían poca cabida los viejos códigos, los sentimentalismos y todo lo que no fuese sinónimo de triunfo y negocio. Cuando el grupo regresó a Memphis hubo un intento de arreglo, pero unas declaraciones a la prensa, en las que Scotty afirmaba que Elvis había incumplido su promesa de que cuanto mejor le fuese a él mejor les iría a todos, dieron al traste con cualquier posibilidad de acuerdo y la ruptura se confirmó definitivamente. Elvis también usó una entrevista con la prensa para contestar a su guitarrista y contrabajista, con los que se mostró absolutamente decepcionado a su vez. Incluso afirmó que en los últimos tiempos había resistido, por razones sentimentales. las presiones de quienes le pedían que se deshiciese de ellos.

El 27 de septiembre Elvis regresó a Tupelo para participar de nuevo en la feria Misisipi-Alabama Fair and Dairy Show, donde el año anterior había recibido uno de los mayores y más sentidos homenajes de su vida por parte de sus paisanos. Pero su estado de ánimo era de absoluta melancolía. Corrían días difíciles, con la opinión pública centrada en las consecuencias de los recientes sucesos de Little Rock, la capital de Arkansas, donde el 4 de septiembre una multitud de blancos enloquecidos había tratado de linchar a los nueve primeros afroamericanos admitidos en la Central High School, después de que un juez ordenase retirar las fuerzas de la guardia nacional que el gobernador del estado había colocado alrededor del instituto para impedir la entrada de los estudiantes negros. Los disturbios se extendieron por toda la ciudad y el presidente Eisenhower ordenó el envío de 1.200 soldados a Little Rock. La tensión generada por estos sucesos se había extendido por todo el país y había llegado también a Tupelo, aunque afortunadamente no se produjo ningún incidente y los ciu-

Incidentes de Little Rock, en 1957.

dadanos afroamericanos pudieron disfrutar también del concierto de su antiguo vecino, ahora convertido en estrella del rock, aunque tristemente segregados, como destacaba la prensa local: «El *show* para los jóvenes negros empezará a las diez de la mañana en la sección de color de los terrenos de la feria».

Es probable que todo aquello contribuyese a enturbiar aún más el alicaído ánimo de Presley. A la ruptura con Scotty y Bill había que sumar la de otros dos amigos de los viejos y buenos tiempos, Sam Phillips y Marion Keisker, las dos piezas fundamentales de Sun Records. También habían discutido y ella, que siempre se había sentido relegada por el director de la discográfica a pesar de haber sido decisiva en su creación y consolidación, se había alistado en el ejército. El concierto en su pueblo natal fue un éxito de cara al exterior, pero el cantante lo vivió como una experiencia amarga. Scotty y Bill fueron sustituidos por Hank *Sygarfoot* Garland en la guitarra y Chuck Wiginton en el bajo, y a pesar de que en conjunto sonaron muy bien, Elvis echó en falta la contundencia y cohesión que había desarrollado durante años de conciertos con sus dos camaradas. A su vuelta de Tupelo, Elvis llamó a sus dos viejos compañeros de los Blue Monn Boys para contratarlos de nuevo. Éstos aceptaron, fundamentalmente debido a la mala situación económica por la que estaban atravesando, ya que esta vez cobrarían una cantidad fija por cada actuación, pero a pesar de que todos declararon que todo estaba olvidado, ya nada volvería a ser lo mismo.

Antes de que finalizase el año todavía se produjeron dos hechos que venían a confirmar la sensación de que se aproximaba el fin de una época. El primero fue el concierto del 28 de octubre en el Pan Pacific Auditorium de Los Ángeles, en el que, como respuesta a una viscerales palabras de Frank Sinatra, en las que descalificaba por completo al rock 'n' roll y a quienes lo tocaban, afirmando textual-

Durante su polémica actuación en el Pan Pacific Auditorium de Los Ángeles, en 1957.

mente que era «la música marcial de todo delincuente con patillas que hay en la tierra», Elvis decidió que la mejor defensa era un ataque e hizo una de sus actuaciones más exageradas, sin ahorrarse ninguna contorsión ni ningún gesto provocador, ante un público de pasmadas celebridades, algunas de las cuales, como el actor Alan Ladd, que había acudido con sus hijos, mostraron públicamente su indignación. Al día siguiente estaba previsto un segundo concierto, al que la policía se presentó con cámaras, con la intención de grabarlo, tras advertirle de que debía moderar su actuación, cosa que el Rey del Rock hizo, con la convicción de que seguía ganando la partida y que aquella singular protesta le encumbraría todavía más entre sus seguidores. El otro momento premonitorio fue su entrevista con el reverendo Hamill, el pastor de la Primera Asamblea Evangélica de su primeros tiempos en Memphis, al que confesó su desasosiego y su insatisfacción, a pesar de todos los bienes materiales de los que disfrutaba y de toda la admiración que millones de personas le tenían como artista.

> «(Elvis) Me dijo: "Pastor soy el joven más infeliz que usted conozca, tengo más dinero del que nunca podré gastar. Tengo miles de fans y muchas personas que se consideran mis amigos, pero soy infeliz. No hago muchas cosas de las que usted me enseñó, y hago cosas que usted me dijo que no había que hacer".»
>
> Reverendo Hamill

Compás de espera

Las de 1957 fueron sus primeras Navidades en Graceland, pero las circunstancias eran extrañas. Tenía el cariño de sus padres y la satisfacción de haberles dado por fin una despreocupada situación económica, era admirado, tenía una novia que le quería con devoción y podía permitirse todos los caprichos. Pero faltaba el calor de las viejas reuniones con amigos, compartiendo las dificultades del presente y los sueños del futuro. Y por si faltara algo, pendía sobre él la espada de Damocles de su reclutamiento militar. Era como si su vida hubiese entrado en un tiempo muerto a la espera de que algo o alguien decidiese lo que tenía que hacer con ella. En las últimas semanas se había dedicado básicamente a entretenerse. El 17 de noviembre había

Escena navideña en Graceland.

vuelto a Hollywood, donde no le esperaba ningún compromiso, y tras unos días de ocio decidió darse una vuelta por Las Vegas, donde flirteó con una cantante, Kitty Dolan, una *stripper*, Tempest Storm, y cuanta muchacha se cruzó a su paso. De regreso a Memphis visitó a los viejos amigos, como los hermanos Lansky, los dueños de la tienda donde había comprado su ropa cuando era un aspirante a cantante, o los camareros del restaurante Arcade, que tantos sándwiches de plátano con mantequilla de cacahuete le habían servido. Era evidente que estaba consumido por la nostalgia y la incertidumbre.

Ni siquiera sus actividades sociales solidarias, en las que ten intensamente se volcaba cada año al acercarse las fechas navideñas, le ayudaban a levantar el ánimo. Ese año tampoco faltó su contribución al Goodwill de la WDIA, el fondo de ayuda a los jóvenes de la comunidad afroamericana que el día seis de diciembre ponía en marcha la emisora en la que Elvis había escuchado a los músicos negros que le inspiraron y con los que ahora se codeaba, gente como Junior Parker o Bobby Blue Bland, con los que renovó su deuda de gratitud por todo el blues que había aprendido. El coronel Parker, que no daba a tregua a los negocios ni en Navidad, le seguía bombardeando con noticias sobre posibles películas y futuras giras, como si nada hubiese cambiado, pero el 20 de diciembre, recibió la notificación de que

Fotograma de la película *King Creole*.

podía pasar a recoger en el centro de reclutamiento su aviso de instrucción. Al final, Frank Freeman, el director de los estudios Paramount escribió a la Oficina de Reclutamiento pidiendo una prórroga para la incorporación de Presley, alegando que su presencia era imprescindible para poner en marcha la película *King Creole*, en la que ya habían invertido más de 300.00 dólares y de la que dependía el bienestar de muchas familias. El ejército se mostró comprensivo y concedió un aplazamiento para que el recluta Presley pudiera terminar el film. La banda sonora se grabó en tres sesiones a mediados de enero de 1958 y Leiber y Stoller escribieron tres de su temas: «King Creole», la canción que dio título a la película y que contaba la historia de un guitarrista cajún de Nueva Orleans que es una estrella del rock and roll, «Trouble», un tema inspirado en un *riff* habitualmente utilizado por los *bluesmen* Muddy Waters y Bo Diddley, y «Steadfast, Loyal and True», una curiosa canción de aire escolar. Pero sería la última ocasión en que el dúo de compositores y el cantante colaborarían tan estrechamente como lo habían hecho. El álbum con la banda sonora, que incluye además temas como «Hard Headed Woman», del compositor afroamericano de rockabilly, Claude Demetrius, «Crawfish», interpretada a dúo con la cantante de jazz Kitty Whitey, o «New Orleans», un particular homenaje a la perla de Louisiana, alcanzó el segundo puesto en la lista del *Billboard Top Pop Albums*, y junto con la película, contribuyó a la consolidación de Presley como la mayor estrella del rock del momento. Curiosamente el papel de Elvis en la película sería, al igual que en las otras dos que había protagonizado hasta el momento, el de una joven estrella musical en ascenso que veía su vida transformada por la fama.

El 24 de marzo de 1958, Elvis Aaron Presley, ciudadano estadounidense de veintitrés años, se presentó en el acuartelamiento de Fort Chaffee, en Arkansas, para ingresar en las filas del Ejército de los Estados Unidos durante veinticuatro meses. En realidad habría tenido que ingresar dos meses antes, el 20 de enero, pero en aquel momento estaba rodando la película *King Creole* y le habían concedido una prórroga. Ésa fue la primera excepción de un servicio militar bastante excepcional desde el principio. Aunque tanto las fuerzas armadas como su familia y su representante, el falso coronel Parker, intentaron transmitir siempre el mensaje de que Elvis estaba cumpliendo con su deber patriótico como un muchacho norteamericano normal y corriente, su paso por el ejército distó mucho de ser como el de sus compañeros. La misma llegada al cuartel estuvo rodeada de un alboroto nunca visto en una instalación militar: fans histéricas, medio centenar de periodistas y cientos de soldados libres de servicio se apostaron en la entrada para ver la llegada de la caravana de vehículos que acompañaba desde Memphis al autobús que transportaba al nuevo recluta. Algunos fotógrafos le acompañaron al interior de las instalaciones para fotografiar los primeros momentos del cantante en su vida como soldado. Su corte de pelo, en el que fueron eliminadas sus míticas patillas —para disgusto de algunas fans, que incluso escribieron al presidente Eisenhower para que se las dejaran intactas— fue registrado por 55 periodistas. El único momento de intimidad fue la primera llamada telefónica a su desolada madre, un momento que su representante aprovechó para alardear e impedir teatralmente el paso a los gacetilleros.

> «Nunca sabrás cómo es el viejo y maravilloso Memphis hasta que hayas estado fuera un tiempo.»
> **Elvis Presley**

MARCANDO EL PASO

El cantante vivía angustiado por dos cosas: la separación de su madre, a la que llamaba casi a diario para acabar llorando, y un obsesivo temor a que sus fans le olvidaran.

El circo mediático prosiguió durante sus primeros días de acuartelamiento: fue fotografiado formando junto a sus compañeros, cuando se puso por primera vez el uniforme y cuando se trasladó a su primer destino, el campamento de la Segunda División Blindada, el mismo que había dirigido el general Patton en la Segunda Guerra Mundial, en Fort Hood, 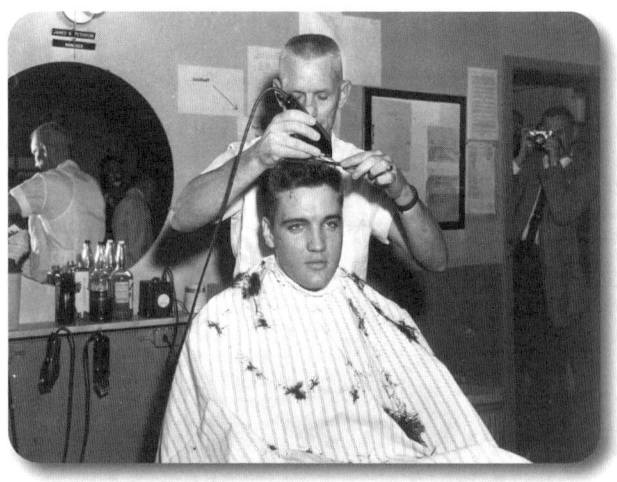 Texas, adonde él y otros seis reclutas llegaron escoltados por una caravana de admiradoras. En el nuevo cuartel le esperaba el mismo tumulto de la vez anterior: decenas de periodistas y curiosos y el coronel Parker tratando de aprovechar la ocasión para hacer publicidad. Pero esta vez la responsable de la recepción, la teniente coronel Marjorie Schukten, cortó por lo sano aquel revuelo, no sin antes poner al falso coronel, cosa que ella ignoraba en aquel momento, en su sitio, tal y como recoge Peter Guralnick en su biografía: «Coronel Parker, la Segunda División Blindada no va a poder instruir a ese chico si continúa este alud de peticiones. Usted tiene una gran inversión, y seguramente no le gustará lo que estoy a punto de hacer ahora mismo [...]. Tendrá carta blanca como le prometí, pero sólo hasta el día de hoy. Después de hoy, ¡nada!». Pero en realidad no todo fue tan estricto. Su instructor, el sargento Norwood le permitía llamadas extras a su casa e invitó a su novia, Anita Wood, a que se alojase en su casa del cuartel para poder ver a Presley con frecuencia.

Un dolor inconsolable

Por aquellos días el cantante vivía angustiado por dos cosas: la separación de su madre, a la que llamaba casi a diario para acabar llorando, y un obsesivo temor a que sus fans le olvidaran y el largo periodo militar acabase con su carrera. Pero el coronel le había prometido que él se encargaría de que no fuese así y lo cumplía con tanta o más firmeza que los mandos del ejército en la instrucción del soldado Presley. En su primer permiso ya le organizó una sesión de grabación, sobre todo para tranquilizar a Steve Sholes, el responsable de la RCA en Nashville, que al igual que Elvis, temía que esa estancia en el ejército le impidiese grabar, el público se olvidase de él y la gallina de los huevos de oro se muriera por sí sola. De aquella sesión salió «A Big Hunk o' Love», que en 1959 ocuparía el número uno de las listas del *Billboard* durante dos semanas. A su regreso al cuartel, sus padres le acompañaron para instalarse cerca de Fort Hood y de su famoso retoño, ya que una vez finalizado el periodo de instrucción los soldados tenían más facilidad para residir fuera del cuartel, o al menos tendrían muchos más permisos de salida. Elvis comenzó a pasar cada vez más días con sus padres, que vivían una plácida existencia en la que el único nubarrón era su posible traslado a una base de Alemania, algo que obsesionaba a Gladys, la madre del cantante. La ansiedad aumentó su ya de por sí abundante consumo de alcohol, lo que unido a su hepatitis hizo que su estado de salud se deteriorase aceleradamente.

El 8 de agosto Gladys y Vernon se fueron a Memphis para que ella fuese ingresada en el hospital. Cuatro días después su estado se agravó y un Elvis absolutamente descontrolado por el dolor pidió permiso para ir a su lado, algo que su mandos le negaron en principio, alegando que eso sería un injusto trato de favor con respecto al resto de la tropa. Presa de un ataque de ira, el cantante amenazó con desertar, algo que obligó a sus superiores a ceder para evitar un escándalo  nacional. Su visita pareció animar a su madre, que se hallaba ya en un estado crítico, pero a la madrugada siguiente, mientras intentaba descansar unas horas en Graceland, recibió una llamada anunciándola que Gladys había fallecido. El mundo se derrumbó alrededor y en las próximas horas su imagen fue la de un hombre consumido por el dolor, dando rienda suelta a los sollozos, incluso ante la prensa. Anita Wood, su familia y sus amigos arroparon a Vernon y Elvis, totalmente desconsolados ante la desaparición de la columna vertebral de su familia.

Finalmente, el médico de la familia, el doctor Clarke, tuvo que darle un sedante a Elvis para apartarle del féretro que estuvo velando durante horas, presa de la más absoluta desesperación.

LAS LÁGRIMAS DEL REY

A tres y media de la tarde del 15 de agosto de 1958 comenzó el funeral de Gladys Presley, de cuarenta y seis años de edad, oficiado por el reverendo Hamill ante cerca de cuatrocientas personas, en una capilla custodiada por más de sesenta policías. En las horas previas, miles de vecinos de Memphis y admiradores de Elvis que habían ido de fuera de la ciudad, habían desfilado ante el féretro para mostrarle sus respetos y darle un último adiós a la madre del Rey del Rock. Los Blackwood Brothers, el cuarteto de góspel favorito de Gladys, que Elvis había hecho ir en avión desde Carolina del Sur, interpretaron 12 himnos, en lugar de los cuatro previstos, a petición del cantante, que sollozaba al borde del colapso. En el cementerio de Forrest Hills, a las afueras de Memphis, abarrotado por una multitud de personas, Vernon Presley y su hijo trataron de mantener la serenidad ante aquella multitud de curiosos, pero al final Elvis estalló y se abrazó al ataúd llorando hasta que un grupo de amigos logró llevárselo en volandas hasta el coche que le esperaba para llevarle a Graceland, donde seguiría el duelo, pero esta vez prácticamente en solitario por expreso deseo suyo.

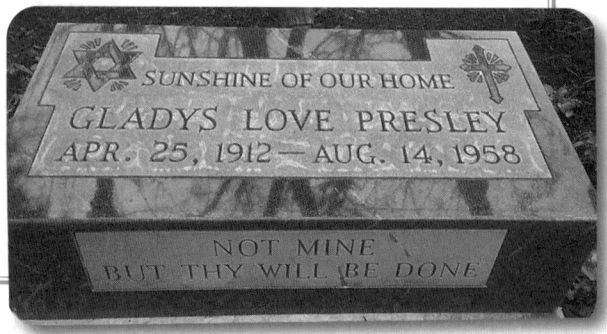

Una semana después del entierro regresó al cuartel mientras su padre y la abuela Minnie volvían a la casa que habían alquilado en las cercanías, donde estuvieron arropados por personas del entorno íntimo del cantante, especialmente por Anita y Rex Mansfield, el mejor amigo que había hecho desde que había llegado al ejército. También acudían a diario chicas de sus múltiples clubs de fans, mientras un sinfín de curiosos no cesaban de rondar el lugar. Por fin, el 19 de septiembre Presley, junto a 1.300 soldados más, partió en un convoy ferroviario hacia Brooklyn para embarcar rumbo a Alemania, para incorporarse a su destino en Friedberg, la base de la Tercera División Blindada en Alemania Occidental. Pero la despedida del Rey del Rock de suelo estadounidense iba a ser de todo, menos discreta. En la terminal de embarque le esperaban su padre, su abuela, Anita, su amigo Lamar Fike y el resto de la mafia de Graceland, la plana mayor de la RCA, varios altos mandos del ejército, el omnipresente coronel Parker, más de un centenar de periodistas y un par de miles de familiares del resto de soldados que le acompañaban. Su subida por la pasarela del buque *USS General George M. Randall* fue un montaje cinematográfico. Celebró una rueda de prensa y se eligió a un grupo de soldados para que le acompañasen mientras subía por la rampa a los sones del rock 'n' roll «Tutti Frutti», que una banda militar tuvo que repetir hasta ocho veces hasta que todo el mundo quedó satisfecho con la grabación. Cuando el circo concluyó, el barco zarpó rumbo a Europa llevándose a un Elvis Presley triste y preocupado por su futuro inmediato y por la continuidad de su carrera musical

Subiendo al barco que le llevaría a Alemania.

Patrullando el telón de acero

El 1 de octubre de 1958 Elvis llega a Bremerhaven, cerca de Bremen, donde lo esperaba el habitual despliegue de fans, periodistas, fotógrafos y cámaras de televisión. Al día siguiente, ya en la base de Friedberg, celebró una rueda de prensa, la última de su incorporación al ejército. A partir de ese momento se integra dentro de la rutina castrense, intentando apoyarse en sus compañeros, especialmente en

Charlie Hodge, con quien había hecho amistad en el barco, para tratar de mitigar el sentimiento de soledad que le invade desde la muerte de su madre. Poco después, el 3 de noviembre, participa como chófer de un sargento de su compañía, en sus primeras maniobras con el 32.º Regimiento de Tanques al que está asignado, en las proximidades de la frontera entre Alemania y Checoslovaquia, una parte de la línea que separaba el Occidente capitalista del Este soviético, conocida como el Telón de Acero. A pesar de que no existe una situación de peligro real, su estancia en el ejército se produce en una época poco tranquilizadora. El mundo se encuentra inmerso en la Guerra Fría y en plena escalada nuclear, con continuas detonaciones de bombas atómicas de prueba por parte de Estados Unidos y la Unión Soviética. Sólo en los dos primeros meses del servicio militar de Elvis, el ejército norteamericano realiza doce pruebas nucleares.

Fiel a su espíritu sumiso y disciplinado, y en contra de la imagen de rebelde que la prensa había dado de él en sus primeros tiempos, el cantante tuvo un comportamiento ejemplar mientras estuvo en el ejército, donde, al igual que sucedió en sus días de recluta en Estados Unidos, gozó de algunas facilidades extra. Sólo tres días después de su llegada a Alemania llega también al país su familia: su padre, su abuela y dos de sus mejores amigos, Lamar Fike y Red West. La misma noche de su llegada el cantante obtiene permiso para cenar con ellos. En menos de un mes obtiene permiso para vivir fuera de la base, ya que tanto su abuela Minnie como Vernon, que tenía sólo cuarenta y dos años, dependían oficialmente de él. Llevaba una vida más de oficinista que de soldado. Se iba a la base en un coche alquilado, iba a comer a casa y regresaba de nuevo a dormir. Trata de sacudirse

Su llegada a Alemania estuvo rodeada de gran expectación.

la melancolía teniendo citas con chicas, acudiendo al cine de la base con compañeros, escribiendo nostálgicas cartas a sus amigos de Estados Unidos y pasando veladas con su familia. Pero pronto cayó en la cuenta de que haberse traído a su padre a Alemania quizá no hubiese sido la mejor de las ideas. Vernon se lió con la mujer de un sargento, lo cual a ojos del cantante era una traición a su madre, y las fricciones entre ambos fueron en aumento.

Tras varios escándalos en el hotel, el clan de Elvis alquiló una casa propia en la que el cantante pasaba los fines de semana rodeado de admiradoras. Por esa época mantuvo un romance con una chica de diecinueve años llamada Elisabeth Stefaniak y su estado de ánimo mejoró bastante, aunque en eso tuvieron bastante que ver las anfetaminas que le había proporcionado un sargento durante unas maniobras y a las que acabó enganchado en poco tiempo, una adicción de la que ya no se desprendería jamás.

Su casa en Bad Nauheim, Alemania.

En todo este tiempo había ido venciendo reticencias entre sus compañeros y se había convertido en un soldado popular entre el resto de la tropa por su llaneza y, sobre todo, por su carácter desprendido y solidario. Presta dinero y hace favores sin hacerse de rogar y a sus mandos también les cae bien. Su principal preocupación sigue siendo el futuro de su carrera musical, algo de lo que se encarga en casa el coronel Parker que torea hábilmente a los ejecutivos de la discográfica RCA que presionan para que grabe un nuevo disco cuanto antes. Otro frente de negocios era el cine, en el que

Con su novia alemana, Elisabeth Stefaniak.

el representante preparaba el terreno para que a su vuelta rodase una película en Hawi que se titularía *G.I. Blues*.

El 14 de junio de 1959 obtiene un permiso y aprovecha su estancia en Europa para visitar París, donde entre otros sitios de renombre acude al mítico Moulin Rouge, donde se hizo una foto con algunas de las estrellas del espectáculo, entre ellas el cantante y presentador Torrebruno, que años más tarde se establecería en España e incluso acabaría siendo telonero de uno de los primeros conciertos de los Beatles en nuestro país. Elvis vive intensamente la vida nocturna de París, rodeado de coristas del Lido, apurando tanto el tiempo que el cantante tuvo que alquilar una limusina para llegar a tiempo al cuartel. Un par de meses después, uno de sus compañeros, Currie Grant, le visitó en su casa acompañado por su esposa y le presentó a una adolescente de catorce años llamada Priscilla Ann Beaulieu. Ambos se sintieron mutuamente atraídos.

Elvis y Torrebruno en el Moulin Rouge de París, en 1959.

Elvis cantó para ella y le presentó a su abuela, antes de que ella tuviera que marcharse a la hora marcada por su padrastro, como si de una cenicienta moderna se tratase. A la cuarta cita el capitán Beaulieu y su esposa, la madre de Priscilla, conocieron a Elvis que llegó a su casa acompañado por su propio padre. La diferencia de edad y la fama de mujeriego de Elvis preocupaban a los padres de la muchacha que sometieron al cantante a un interrogatorio del que salió airoso. Desde entonces se vieron prácticamente a diario y vivieron un idilio, a pesar de que Elvis seguía acostándose con Elisabeth y otras mujeres.

A medida que se acercaba el final de la estancia de Presley en la base de

Priscilla, con 14 años, en su casa de Alemania.

REENCUENTRO UNIFORMADO

El 1 de marzo de 1960 se celebró la última rueda de prensa de Elvis en Alemania. Buena parte de las preguntas giraron en torno a su relación con Priscilla, asunto que el cantante capeó lo más elegantemente que pudo. Cuando todo había acabado, descubrió entre los asistentes a una capitana a la que abordó con una frase que denotaba una confianza íntima: «Marion, no sé si besarte o saludarte», a lo que ella contestó con un: «Hazlo en ese orden», según reseña Peter Guralnick en su biografía. Este diálogo desató la indignación de un oficial del ejército que reprendió a la capitana por su exceso de familiaridad con un soldado, por muy famoso que fuera. Antes de que las cosas llegaran a mayores, Presley intervino para explicarle al airado militar que ella era la responsable de que estuviese dando una rueda de prensa. Se trataba de Marion Keisker, la antigua secretaría de Sun Records que siete años antes, después de que un chaval grabara dos temas para regalárselos a su madre, había apuntado en sus notas: «Elvis Presley, buen cantante de baladas».

Friedberg, desde Estados Unidos llegaban casi a diario noticias positivas sobre su futuro artístico de Presley después de su licencia del ejército. Él trabajaba en nuevas canciones, más melódicas, más influidas por el góspel y progresivamente apartadas del estilo de los temperamentales temas que habían dominado su discografía hasta entonces. En esta última etapa también comenzó a interesarse por las artes marciales y comenzó a practicar kárate, una disciplina en la que llegaría a ser un consumado practicante. En enero de 1960 fue ascendido a sargento mientras su círculo familiar comenzaba a preparar el regreso a casa y Priscilla se atormentaba por la inminente separación.

En su último día en la base, el cantante recibió un elogio certificado de su comandante sobre su capacidad de liderazgo, pasó buena parte de la noche despidiéndose de su desconsolada novia adolescente, se despidió momentáneamente de su familia y se dirigió con sus compañeros al aeropuerto militar de Rhine-Main, donde Priscilla se reunió con él por última vez entre un revuelo de fotógrafos que captaron a la muchacha cuando despedía con un beso al avión que llevaba a su casa a la estrella del rock 'n' roll.

La despedida de Priscilla.

El 2 de marzo de 1960 Elvis regresa del ejército. Han pasado dos años desde que se marchara a Europa y las cosas han empezado a cambiar aceleradamente en los Estados Unidos, que se hallan en plena convulsión política y social. La lucha por los derechos civiles de los afroamericanos se ha recrudecido después de que cuatro estudiantes negros de la Universidad de Carolina del Norte iniciaran una sentada en el restaurante de la sucursal de los almacenes Woolworth de la ciudad de Greensboro, que al estar segregado no permitía el acceso a sus instalaciones a los ciudadanos de color, como se los llamaba entonces. Esta acción fue el detonante de una serie de protestas similares que se extendieron por todos el país a lo largo de los siguientes meses, en las que llegaron a participar 70.000 personas. Además, a los pocos días del regreso del cantante el gobierno anuncia que 3.500 soldados estadounidenses serán enviados a Vietnam, en el inicio de una escalada bélica que en los años siguientes motivará uno de los mayores movimientos de protestas que vivirán los Estados unidos en toda su historia, mientras los sectores más conservadores del país alzan la voz contra la intención de la Compañía G.D Searle, de poner en venta la primera píldora anticonceptiva, la Enovid-10, que supondrá el inicio de una verdadera revolución sexual. Por su parte, el negocio musical se ha visto sacudido por las medidas adoptadas por el Asociación Nacional de Locutores de Radio contra figuras clave en la difusión del rock 'n' roll, como Alan Freed y Dick Clark, tras el escándalo del Caso Payola, que destapó prácticas ilegales de algunos disc-jockeys que cobraban por emitir determinadas canciones para incrementar sus ventas.

> «Lo único peor que ver una mala película, es estar en una.»
> **Elvis Presely**

LUCES DE HOLLYWOOD

Mientras Presley seguía acumulando fama, dinero y, muchas más veces de las deseadas, malas críticas como actor, el mundo de la música estaba cambiando a un ritmo vertiginoso.

De vuelta al trabajo

Tom Parker está ansioso por poner otra vez en movimiento la maquinaria lucrativa que representa su pupilo y 21 días después de su llegada ya tiene un nuevo sencillo en la calle, «Stuck On You». En la carátula del disco hay impresa toda una declaración de intenciones: «La primera grabación nueva de Elvis para sus 50.000.000 de fans en todo el mundo». El coronel le había prometido que su regreso sería sonado y que le hará más famoso todavía que antes, y está dispuesto a cumplirlo. El

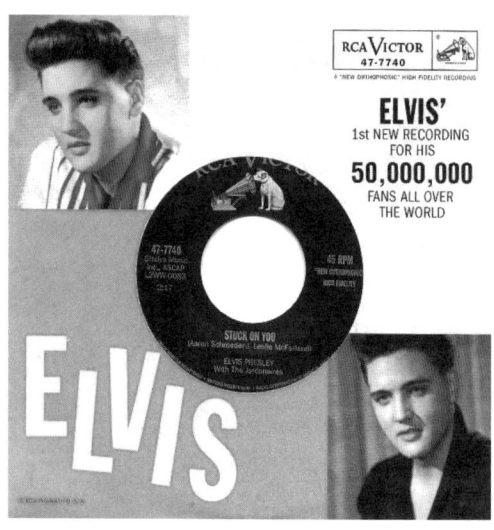

tema va directo como un meteoro al primer puesto de las listas de éxitos. Casi sin solución de continuidad, 15 días después sale al mercado el sexto álbum de estudio con el elocuente título de *Elvis Is Back!*, y una evidente evolución en el sonido, con aires más pop y coqueteos con el de doo-wop. Presley deja atrás su etapa de ídolo juvenil para convertirse en un cantante más maduro, más sofisticado, que atrae a un nuevo público adulto y todavía más numeroso. La etapa de los jóvenes rockeros escandalosos ha terminado. Un año antes, el 3 de febrero de 1959, Buddy Holly, Ritchie Valens y The Big Bopper habían muerto en un accidente aéreo que pasaría a la posteridad como «El día que murió la música». Años después Iggy Pop resumiría esa situación con una frase lapidaria: «El rock murió el día que Elvis entró en el ejército».

Y mientras sus discos cosechan éxitos de crítica y ventas, Elvis regresa a la televisión por la puerta grande. El 26 de marzo acude al escenario del Hotel Fontainebleau de Florida para hacer historia: Frank Sinatra, «La Voz», el mismo que dos años antes se mofó de él augurándole un nulo futuro como cantante, y calificó su música como un «deplorable y rancio afrodisíaco», graba el especial televisivo el especial *The Frank Sinatra Timex Show: Welcome Home Elvis*. Sinatra tenía cuarenta y cuatro años y era la mayor estrella mundial de la canción. Elvis tenía veinticinco y era el meteoro que subía a codearse con esa estrella. Cantaron a dúo un popurrí de grandes éxitos de ambos, que incluía canciones como «Witchcraft» y «Love Me Tender», y el público cayó tendido a sus pies. Fueron ocho minutos que marcaron definitivamente el regreso triunfal del Rey del Rock, ante el que se abrían de par en par las puertas de Hollywood.

El retorno a la gran pantalla

Había rodado ya cuatro películas y no era ningún novato en el mundo del cine. En la primera, *Love me tender*, un *western* dirigido en 1956 por Robert D. Webb para la 20th Century Fox, interpreta a un joven cuyos tres hermanos regresan de la Guerra Civil, en la que han combatido en el bando confederado, convertidos en prófugos de la justicia, para encontrarse con que Clint Reno, el personaje que interpreta Elvis, se ha casado con la antigua novia de Vance, el hermano mayor. El enfrentamiento familiar conduce al inevitable fin trágico, en un film en el que Presley trabajó arduamente y cosechó unas excelentes críticas. A pesar de que el cantante le había insistido a su representante respecto a que prefería dejar la música al margen de su carrera de actor, al final Tom Parker se las apañó para incluir cuatro temas suyos en la banda sonora, e incluso uno de ellos, «Love Me Tender», tuvo tanto éxito en su lanzamiento previo que acabó dando título a la película, que en principio se ida a llamar *The Reno Brothers*. Un año después interpretó su primer papel protagonista en *Loving You*, un musical sobre un cantante de pueblo y sus primeros pasos camino de la fama, cuyo guion estaba en un relato titulado *A Call from Mitch Miller*, pero adaptado a la última actuación de Presley en el festival Louisiana Hayride. Fue su primer gran éxito en taquilla y aunque las críticas iniciales fueron mayoritariamente negativas, con el tiempo mejoraron sensiblemente, una tendencia que se mantuvo en la siguiente película, *Jail House Rock*, estrenada en Memphis en octubre de 1957, mundialmente famosa por la escena del baile en la prisión, al ritmo de la canción que da título

al film y que muchos consideran como el primer antecedente de los videoclips musicales. Fue su primera película para los estudios Metro-Goldwyn-Mayer. La banda sonora corrió a cargo de los compositores Jerry Leiber y Mike Stoller y el EP extraído de la película alcanzó el primer puesto en las listas del *Billboard*. El film fue un éxito de taquilla, con una recaudación de cuatro millones de dólares.

Pero el auténtico bombazo se produciría con *King Creole*, estrenada en julio de 1958 con un Elvis pletórico en su encarnación de Danny Fisher, un buen chico metido a pandillero y que, según confesión del propio Elvis, fue el papel favorito de toda su carrera como actor. Cuando se rodó la película aún no estaba en el ejército y era la más rutilante estrella del rock & roll, a la que sus fans acosaban durante las filmaciones en Nueva Orleans. Aunque la crítica elogió su trabajo, por entonces era un cantante metido circunstancialmente a interpretar, pero dos años después comenzaba su carrera como estrella de cine, a la que dedicaría los siguientes nueve años de su vida, participando en un total de 31 películas. El coronel Parker ya lo había dispuesto todo para que Elvis comenzase a rodar una nueva película, *G.I. Blues*, a finales

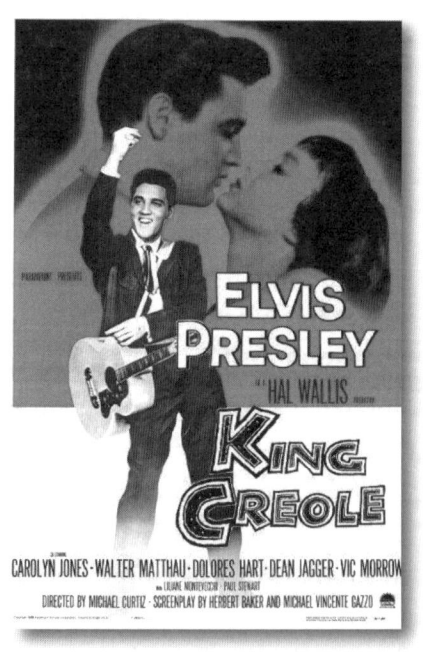

del mes de abril, menos de dos meses después de su regreso de Alemania, donde se había hecho todo el trabajo de preproducción y donde el director, Norman Taurog, filmó varias escenas con un doble del cantante. Era su primer comedia musical en el estricto sentido del término y el papel le venía a Presley como anillo al dedo: se trataba de un soldado que presta servicio en Alemania Occidental y además es cantante. Abundan los guiños al personaje real, como cuando el protagonista, Tulsa McLean, escucha la canción «Blue Suede Shoes» interpretada por Elvis. Las reseñas sobre su interpretación como actor fueron irregulares, aunque en líneas generales aplaudieron su nueva imagen más comedida y madura, dejando atrás al provocador juvenil de antaño. *G.I. Blues* fue un éxito de taquilla y su banda sonora se convirtió en uno de los álbumes más vendidos de Elvis, quien a pesar de ello, insistió en su batalla para que se le tomase en serio como actor y comenzó a exigir papeles con menos canciones.

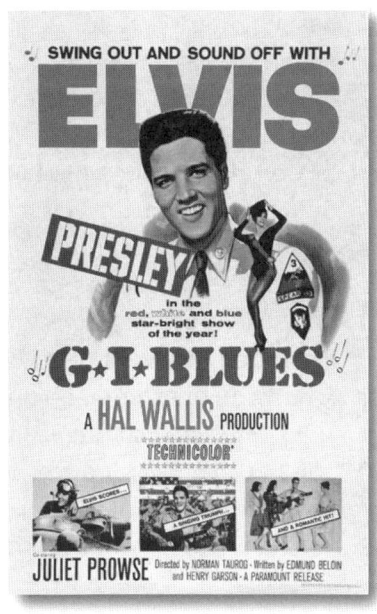

Esa intención produciría un tira y afloja en su siguiente película rodada ese mismo año de 1960. La productora, 20th Century-Fox, pretendía incluir en el film cuatro canciones, a lo que Elvis se negó rotundamente y al final sólo interpretó dos temas. Se trataba de su segundo *western*, *Flaming Star* (*Estrella de fuego*), en el que el cantante se mete en la piel de un mestizo, hijo de un ranchero blanco y una india kiowa, que se ve arrastrado por una espiral de violencia al estallar la guerra entre los nativos y los blancos, en la que intenta un papel de mediador. Trabajó bajo la dirección de Don Siegel y acompañado en el reparto por Dolores del Río, que interpreta a su madre, John McIntire como su padre y Barbara Eden, en su primer papel protagonista. La crítica alabó la mejoría del trabajo interpretativo de Elvis y su imagen como icono popular salió reforzada, como demuestra el hecho de que las serigrafías de Andy Warhol en las que sale como vaquero, se basan en un fotograma de esta película y su interpretación le valió ser incluido en el Consejo Tribal Indio de Los Ángeles.

> **EL TARDÍO BRILLO DE LA ESTRELLA NEGRA**
>
> La película *Flaming Star* iba a titularse originalmente *Black Star* y Elvis grabó una canción con ese nombre, que cambió con el nuevo título, pero el tema original se guardó y «Black Star» quedó inédito durante años, hasta que en 1991 se recuperó en el recopilatorio Collectors Gold. Dos meses después del estreno de la película, en abril de 1961, RCA lanzó un EP con cuatro canciones titulado Elvis By *Request-Flaming Star*, que incluía «Flaming Star», «Summer Kisses, Winter Tears», una de las canciones rechazadas en las negociaciones iniciales entre el cantante y la productora, «Are You Lonesome Tonight?» y «It's Now or Never», su gran éxito del año anterior, que andando el tiempo se convertiría en uno de los singles más vendidos de la historia musical. .

En su siguiente producción, *Wild in the Country* (*El indómito*), dirigida por Philip Dunne, uno de los personajes de Hollywood que más activamente protestó y dio la cara contra la caza de brujas del Comité de Actividades Antiamericanas, durante los años cincuenta, Elvis regresa al papel de joven conflictivo, abocado a la violencia, pero que acaba reconvirtiéndose en un buen chico y trata de mantener su perfil dramático, reduciendo su parte musical a grabar cinco canciones y cantar cuatro. Debido a esta intención de primar al actor por encima de la estrella musical, la RCA decidió no lanzar ningún disco con la banda sonora, aunque el coronel Parker prometió a la 20th Century Fox apoyar la promoción de la película editando algunas canciones en *singles*, con temas de éxito como «Wild in the Country» y «Lonely Man», que lograron colocarse entre los 30 primeros puestos de las listas del *Billboard*. Durante el rodaje, Elvis tuvo una aventura sentimental con una compañera de reparto, Tuesday Weld, que el año anterior había ganado un Globo de Oro a la actriz revelación femenina más prometedora. Weld era una muchacha independiente y con un fuerte carácter

que imponía dentro y fuera de la pantalla, con una gran aptitud para la interpretación dramática que podía haber sido una influencia positiva para el cantante en aquel momento de su carrera cinematográfica, pero Tom Parker, el mánager de Elvis, hizo todo lo posible para poner fin a esa relación por miedo a que la rebelde actriz, a quien las malas lenguas tildaban de «chica mala de Hollywood», pudiera dañar la cuidada imagen de buen chico que tenía la estrella del rock.

Desde sus primeros días en Hollywood, las chicas le acarrearon unas cuantas desavenencias, no sólo con su mánager, sino también con otros actores que no veían con muy buenos ojos a aquel rockero intruso, tal y como recuerda su emigo George Klein en su entrevista con David Moreu, al referirse a un roce con Marlon Brando: «Entonces nos gustaban los actores rebeldes del Actors Studio como James Dean, Marlon Brando y Paul Newman. Pero resulta que en una entrevista para la revista *Playboy*, Brando dijo que Elvis era el artista más sobrevalorado y con menos talento de Hollywood. Al principio no entendí por qué alguien tan respetado se metía con Elvis, aunque después lo descubrí. Resulta que ambos salían con la misma chica, Debbie Minardos». Al final, la película *Wild in the Country* recibió críticas muy tibias, calificada como «melodrama aceptable» en el mejor de los casos, y el trabajo de Elvis fue mayoritariamente considerado como decepcionante. Fue su única película que perdió dinero durante su lanzamiento inicial y el cantante ni siquiera asistió a su estreno.

Conflicto de intereses

Las pretensiones del Rey del Rock de ser tomado en serio como actor chocan frontalmente tanto con los deseos de los estudios cinematográficos como con las expectativas de buena parte del público, y también con los manejos del coronel Parker, dispuesto a hacer caja a costa de lo que sea, obviando incluso los deseos de su representado. Su intervención en *Wild in the Country* se convirtió en su último papel protagonista dramático hasta ocho años después en la película *Charro!* En noviembre de 1961 se estrena su primera comedia de gran presupuesto, *Blue Hawaii* (*Amor*

Fotograma de *Blue Hawaii*.

en Hawái), Norman Taurog, un profesional del cine musical que dirigiría a Elvis en nueve ocasiones, y con un guion de Hal Kanter, nominado a los premios del Writers Guild of America en la categoría de Mejor Musical. La película, que incluyó catorce canciones, la mitad de ellas «repletas de adornos de ukelele y bailarines exóticos» tal como las definió un periodista de *The Commerce Journal* fue una un éxito de taquilla. Los críticos la calificaron como un aceptable entretenimiento y la actuación de Elvis tuvo tantas alabanzas en lo musical como varapalos a su faceta de actor. Pero en lo personal Elvis disfruta de las mieles del éxito. Durante la rueda de prensa de presentación de *Blue Hawaii* conoció a una joven reportera de veintiún años llamada Gael Greene con la que tuvo un breve romance. La periodista recordaría aquel encuentro años más tarde, cuando se había convertido en una reconocida crítica gastronómica, como emocionante y satisfactorio, aunque empañado por un final un tanto decepcionante cuando el cantante le pidió que le consiguiera un sándwich de huevo frito y se quedó dormido de inmediato.

Tras esta película, descaradamente dirigida a sus fans femeninas, en 1962 participa en un melodrama musical destinado a un público más familiar, *Follow That Dream* (*Persigue tus sueños*), dirigida por Gordon Douglas, y coprotagonizada por Anne Helm, en el que sería su principal papel en el cine antes de convertirse en una figura habitual de las series de televisión y acabar dedicándose a la literatura infantil. La película narra las tribulaciones de una familia de vagabundos a la que nadie quiere acoger en su comunidad, y está basada en la novela *Pioneer, Go*

Home!, escrita por Richard P. Powell, quien en un primer momento no se mostró muy convencido de la elección de Elvis para uno de los papeles protagonistas –sobre todo cuando el productor Walter Mirisch decidió cambiar el título por el del tema que interpretaba el cantante–, aunque cambió de idea después de ver su interpretación. La banda sonora tuvo como fruto discográfico un EP con cuatro canciones que salió al mercado en abril de 1962, coincidiendo con el estreno de la película. El disco tuvo unas ventas notables y la canción «Follow That Dream» alcanzó el puesto número 15 en el *Billboard Hot 100*. La película también tuvo una inesperada consecuencia musical, ya que Tom Petty, el famoso músico y compositor que lideró la banda Tom Petty and the Heartbreakers, decidió entregarse en cuerpo y alma al rock 'n' roll, cuando conoció a Elvis a través de un tío suyo que trabajaba en el film.

El estreno tuvo lugar a mediados de abril y dos meses después, el 17 de junio, Priscilla llega por primera vez a los Estados Unidos para reunirse con su novio después de más de dos años de separación. Tiene diecisiete años y sus padres han accedido al viaje a condición de que de que Elvis pague el viaje en primera clase, de que esté acompañada en todo momento y de que escriba a casa todos los días desde Los Ángeles. Se cumplieron las dos primeras condiciones a rajatabla, pero en lugar de quedarse en California como estaba pactado, Elvis y Priscilla se fueron a Las Vegas dejando escrita una postal que cada día enviaba desde Los Ángeles alguien del equipo del cantante. Y además de todo eso, los amigos más íntimos también se encargaron de despistar a Anita Wood, la actriz de televisión con la que el cantante mantenía una relación más o menos estable y continuada desde hacía varios años y que ese mismo verano rompería definitivamente con él. Según contaba el círculo próximo a Elvis, esa escapada a Las Vegas fue la primera ocasión en que Priscilla probó las anfetaminas. Un mes después ella vuelve a Alemania y él se zambulle de nuevo en la vo-

Elvis con Anita Wood.

rágine hollywoodiense. Hay una nueva película que promocionar *Kid Galahad*, que ha rodado tan sólo unos meses antes a las órdenes de Phil Karlson, un director de serie B.

En esta ocasión se mete en la piel de un joven mecánico que se convierte en boxeador accidental envuelto en la habitual trama de peleas amañadas por un promotor corrupto y su entorno mafioso. A pesar de los buenos resultados económicos, en esta ocasión la crítica se cebó con Elvis, quien ciertamente no daba el perfil de tipo duro metido a repartir guantazos en un cuadrilátero. Elvis compartió reparto con Charles Bronson, quien al parecer se mantuvo en todo momento muy distante de la estrella del rock. El film es un *remake* de la versión original de 1937 de Michael Curtiz, quien había dirigido al rey en *King Creole* cuatro años antes, y estaba protagonizada por Edward G. Robinson, Bette Davis y Humphrey Bogart. Elvis tomó lecciones de boxeo de Mushy Callahan, un peso ligero que había sido campeón mundial a finales de los años veinte y que tras su retiro del ring trabajó en el cine como actor de reparto y asesor pugilístico. Su principal labor fue enseñarle al cantante a echar la cabeza hacia atrás para que los golpes no lo alcanzaran. En *Kid Galahad* hace el papel de árbitro y ésa fue precisamente su

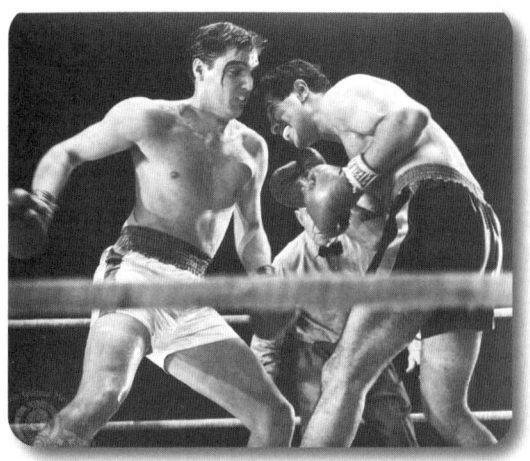

Fotograma de la película *Kid Galahad*.

última aparición en la gran pantalla. De la banda sonora se extrajo un EP con seis canciones, entre las que destaca «King of the Whole Wide World», que ocupó la trigésima posición en el *Billboard*.

La levedad del melodrama musical

En septiembre de 1962, Presley fue invitado a actuar en Londres, en el Royal Variety Performance, un prestigioso concierto benéfico televisado en el que actúan las más grandes estrellas del espectáculo y al que asiste tradicionalmente la familia real británica, con la reina Isabel II a la cabeza. Era una oportunidad única para entrar por la puerta grande en el mercado europeo, pero el coronel Parker rechazó la oferta alegando un compromiso para rodar otra película. El tiempo pondría las cartas boca arriba y se sabría que la verdadera razón era el miedo del falso coronel, un neerlandés que había entrado ilegalmente en los Estados Unidos, a no poder volver a entrar en el país. Aunque en 1957 había viajado con Elvis a Canadá y Hawái, antes de que éste se convirtiera en estado norteamericano en 1959, ninguno de los dos destinos exigían pasaporte. Cuando se supo la verdad ya era demasiado tarde.

> «Elvis era una gran estrella del rock 'n' roll que quería hacer películas, pero realmente el único buen guion que recibió fue el de *King Creole*, que estaba pensado para James Dean. Sin embargo, éste murió en un accidente de coche y modificaron el personaje principal para que pasara de ser un boxeador a un cantante en Nueva Orleans».
>
> George Klein, *disc-jockey* y amigo de Elvis.

En 1963 se zambulle en los musicales puros y duros con dos películas de gran éxito económico y nulo interés cinematográfico, en las que se dedica a explotar su faceta de ídolo de masas. La primera es el melodrama musical *It Happened at the World's Fair* (*Puños y lágrimas* o *Sucedió en la Feria Mundial*, según el país de estreno). La crítica fue inclemente con la película, que fue vapuleada ácidamente, incluida la banda sonora, que llegó a ser calificada como tediosa. Una de las curiosidades de esta película es que el niño que patea en la espinilla a Elvis es el actor Kurt Russell, que por entonces tenía doce años y ya era fan declarado del rey, a quien interpretaría en 1979 en el telefilm *Elvis* y a quien parodiaría en *3000 Miles to Graceland*, en 2001, en la que también se hace un guiño a la escena de la patada. Y mientras Elvis rodaba en Hollywood *Fun In Acapulco*, su decimotercera película, Priscilla abandonaba Alemania y se trasladaba a Memphis después de que la estrella del rock convenciese a los padres de la adolescente de que se instalara en Graceland, con él convertido en su tutor legal, y se matriculase en un colegio católico donde se graduaría una semana después de

Fotograma de *It Happened at the World's Fair*.

cumplir dieciocho años. Elvis la acompañó las primeras semanas y luego regresó a Hollywood para rodar una nueva película y seguir enredado en amoríos con distintas actrices.

Elvis con Ursula Andress y Elsa Cárdenas en *Fun in Acapulco*.

Fun in Acapulco (*El ídolo de Acapulco*) sería el auténtico bombazo de ese año de 1963. Elvis compartió reparto con Ursula Andress y Elsa Cárdenas, una actriz mexicana afincada en Hollywood, quien afirmó haber mantenido un romance con el cantante durante el rodaje. La banda sonora incluía el tema «Bossa Nova Baby», una canción escrita por Jerry Leiber y Mike Stoller, que se situó en el Top 10 del *Billboard*. Esta vez la crítica fue más amable y calificó la película de agradable y hasta bucólica. Para completar el cuadro, fue un éxito económico, superando los tres millones de dólares de recaudación, aunque su lanzamiento se vio ensombrecido por el asesinato del presidente John Fitzgerald Kennedy el 22 de noviembre en Dallas, una semana semana antes de que se convirtiera en la película musical más taquillera del año.

Al igual que para la mayoría de la población estadounidense, el atentado contra Kennedy fue un inesperado mazazo que le dejó noqueado. Esa noche recibió la visita de Ann-Magret que acaba de llegar de Inglaterra, tal y como señala Peter

Guralncik en su biografía, donde recoge las palabras de la actriz: «Me senté a su lado. Nos quedamos así todo el fin de semana, durante lo que pareció una eternidad, mirando, esperando y llorando la muerte del presidente». Elvis y Ann mantenían una relación sentimental desde cuatro meses antes, cuando en el mes de julio había comenzado el rodaje de la película *Viva Las Vegas*, en el que ambos compartían protagonismo. Fue un flechazo mutuo que la actriz sueca explicó en su libro de memorias, *My Story*: «Éramos almas gemelas. Tímidos exteriormente, pero desenfrenados por dentro. En muchos aspectos, a pesar de la fama y de todo que habíamos logrado tan rápidamente, seguíamos siendo muy infantiles y emocionalmente dependientes». Lejos de mantenerlo en secreto, se dejaron ver juntos en los clubs de Las Vegas y el romance saltó a las primeras páginas de los periódicos. Era una magnífica publicidad para la película, pero un quebradero de cabeza para Elvis, cuya relación con Priscilla pasó por una de sus peores crisis cuando la joven se enteró. Pero, además, en el rodaje comenzaron a surgir problemas cuando el equipo del cantante, con el coronel Tom Parker a la cabeza comenzó a quejarse de trato de favor del director, George Sidney, con la actriz a la que, según ellos daba un protagonismo excesivo. Al final fueron eliminados un par de interpretaciones a dúo y Elvis cantó siete temas y Ann-Margret sólo dos. Eran dos estrellas en ascenso, dos personalidades demasiado intensas para que la relación perdurase y al final el amor se convirtió en una amistad que duraría toda la vida.

Con Ann-Margret en *Viva Las Vegas*.

El 6 de marzo de 1964 llega a los cines *Kissin' Cousins* (traducida en el ámbito hispano hablante como *Primos queridos*), una comedia de ambientación militar dirigida por Gene Nelson, un exbailarín especializado en musicales y admirador de Fred Astaire. Las críticas fueron las peores cosechadas por una cinta de

Elvis hasta ese momento. La trivialidad de la película se resume perfectamente en un jocoso comentario de uno de los responsables de los estudios de la Metro Goldwyn Mayer: «¿Por qué nos molestamos en dar títulos a sus películas? ¿No podrían simplemente numerarse?». El tema que da título al film alcanzó el duodécimo puesto en el *Billboard* y acabó siendo disco de oro. A pesar de que su carrera cinematográfica se enfanga definitivamente, la máquina de hacer dinero en que se ha convertido el cantante funciona a las mil maravillas y ese mismo año se permite el lujo de comprarse el *Potomac*, un yate que había pertenecido al presidente Franklin Delano Roosevelt.

EL YATE DEL PRESIDENTE

El 30 de enero de 1964, Elvis compra el *Potomac*, el antiguo yate del presidente Roosevelt, por 55.000 dólares. En realidad se trata de un capricho generoso, ya que su intención es donarlo a una institución que lucha contra la polio, llamada March of Dimes, pero la organización benéfica tuvo que rechazar la donación al no poder hacerse cargo del coste que suponía el mantenimiento y la rehabilitación de la enorme embarcación, que se encontraba en bastante mal estado. Tras intentar dárselo a la Guardia Costera de Miami, lo que tampoco funciona, el cantante acaba regalándoselo al St. Jude Children's Research Hospital de Memphis, que acepta quedárselo para recabar fondos y acabar vendiéndolo por más de 60.000 dólares.

Pasión de celuloide

El 20 de mayo de 1964 se estrena *Viva Las Vegas*, que no sólo fue un absoluto éxito en taquilla, con una recaudación de nueve millones y medio de dólares, sino que se convirtió, a pesar de algunas tibias críticas iniciales, en una de las películas más icónicas del Rey del Rock, que interpreta a un piloto de carreras que tiene un romance con una profesora de natación, con el Grand Prix de Las Vegas como fondo ambiental. A su éxito económico colaboró en buena medida el eco mediático que tuvo la relación sentimental real entre Elvis y Ann-Margret, cuya química personal se transmitió a la pantalla haciendo absolutamente creíble el argumento. Pero mientras Presley seguía acumulando fama, dinero y, muchas más veces de las deseadas, malas críticas como actor, el mundo de la música está cambiando a un ritmo vertiginoso. Sólo tres meses antes, el 9 de febrero de 1964, los Beatles habían hecho su primera aparición en *The Ed Sullivan Show*, y Elvis y su mánager los habían felicitado elegantemente con un telegrama que el presentador leyó en antena. El programa fue seguido por más de 73 millones de espectadores, todo un récord en la televisión norteamericana de entonces, y marcó el principio de lo que pasaría a la historia como «La invasión británica», en la que a lo largo de los años sesenta grupos como los Rolling Stones, The Animals, The Who o The Yardbirds, darían un giro a la historia del rock, sustituyendo el protagonismo que había tenido diez años antes la generación de Elvis Presley.

El año 1964 acaba para Elvis con el estreno de *Roustabout* (*El trotamundos*), en la que comparte cartel con Barbara Stanwyck. La película contaba con doce

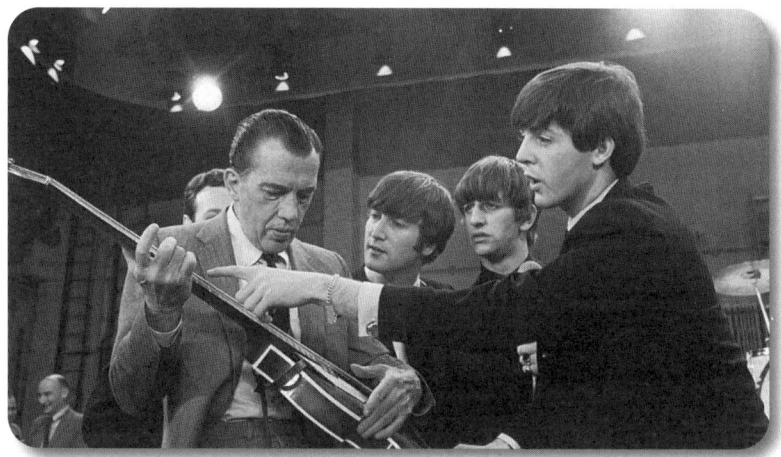

Los Beatles en el Ed Sullivan Show.

números musicales y su banda sonora se colocó en el puesto número uno del *Billboard*, aunque sería su última banda sonora en lograrlo. Para completar el cuadro, el *single Blue Christmas*, con «Wooden Heart» en la cara B, se convierte en el más vendido durante aquella Navidad. Pero quizá lo más relevante de esta película es que durante su rodaje Elvis contrató a un nuevo peluquero personal, Larry Geller, que se convirtió en amigo, confidente y asesor espiritual. Le proporcionó libros sobre religión, filosofía y vida espiritual, cosas que nadie de su entorno le podía proporcionar y a las que, en medio de la vorágine de su vida en Hollywood, se aferró como una tabla de salvación. Se convertirían en inseparables hasta la muerte del cantante. Ese año que termina, Presley ha sido el sexto actor mejor pagado del cine norteamericano, pero eso no parece ser suficiente para el coronel Parker, que aprovecha los buenos resultados obtenidos en taquilla para renegociar con United Artists y Metro-Goldwyn-Mayer los contratos del cantante, convirtiéndolo en el actor mejor pagado de Hollywood durante la mayor parte de los años sesenta, con un millón de dólares por película.

Fotograma de *Roustabout*.

En 1965 el Rey del Rock estrena otras tres películas marcadas por los guiones melifluos y los números musicales repetitivos, pensadas para disfrute de los fans incondicionales del cantante.

Elvis con Larry Geller, su peluquero personal, confidente y amigo.

Al inicio de la primavera se estrena *Girl Happy* (*Loco por las muchachas*), dirigida por Boris Sagal. Es otra película playera que los críticos, ya acostumbrados a la estandarizada trayectoria cinematográfica de Presley, calificaron como un refrescante divertimento sin mayores aspiraciones. Tuvo unos resultados más que aceptables en taquilla y logró un cuarto puesto en los premios Laurel Award en la categoría Top Musical, gracias a canciones como «Do the Clam», «Girl Happy», «Puppet on a Strin» o «The Meanest Girl in Town», que ya había sido grabada con anterioridad por Bill Haley & His Comets. En todas ellas Elvis canta con un tono más alto del habitual, ya que los temas estaban ligeramente acelerados. Como nota curiosa, numerosas reseñas destacan el hecho de que en este film, a pesar de su ambientación, el cantante luce siempre una camiseta, incluso en una escena en la que práctica el esquí náutico, quizá una señal de que su físico ya no era el que había sido y no se sentía con ganas de lucir su torso desnudo en pantalla, algo que tampoco volvería a hacer en el resto de sus películas.

Extravagancias de cine

En junio se estrena *Tickle Me* (*Hazme cosquillas*), la historia de un jinete de rodeo contratado como mozo de cuadra en un rancho de chicas ricas, que resultó floja, simple y aburrida, y ni siquiera tuvo la gracia que se les suponía a los autores del guion, Elwood Ullman y Edward Bernds, más conocidos por escribir las historias de Los Tres Chiflados, un trío de humor surrealista que se mantuvo en cartelera durante más de cuatro décadas. El film ni siquiera mereció una banda sonora propia, sino que se construyó con un recopilatorio de canciones grabadas entre 1960 y 1963 y previamente editadas en distintos discos. Fue la película más barata de Presley pero su éxito en taquilla salvó a los estudios Allied Artists de la bancarrota. Poco antes de que acabara el año, el 24 de noviembre llegó a los cines, *Harum Scarum* (*A lo loco*), una delirante historia ambientada en Oriente Medio, con escenas musicales en medio del desierto, que fueron recibidas con sarcasmos e incluso con críticas por su presunto fomento de los prejuicios anti-árabes. Sólo en los diez primeros minutos de la película, Elvis canta tres canciones: «Harem Holiday», en los créditos iniciales, «My Desert Serenade» y «Go East Young Man». Quizá sea esa frenética actividad musical lo que justifica el millón de dólares que cobró el artista. Al principio, durante el rodaje, la cosa le hizo gracia al cantante, que se veía como una especie de moderno Rodolfo Valentino en *El jeque*, y usaba el pañuelo beduino hasta cuando se iba a su casa de Bel-Air, pero dejó de hacerlo cuando se percató de que todo aquel asunto le hacía parecer un poco ridículo. Menos mal que nadie hizo caso a la idea del coronel Tom Parker de meter en la película un camello que hablase.

EL ENCUENTRO SECRETO DE ELVIS Y LOS BEATLES

El 27 de agosto de 1965, los Beatles visitaron en secreto a Elvis en Beverly Hills. Los cuatro de Liverpool, admiradores confesos del Rey del Rock, exigieron a su equipo que el encuentro se concretase con la más absoluta discreción, lejos de los ojos y los oídos de la prensa, temerosos de que pudiese parecer un montaje publicitario. A las diez de la noche se presentaron en casa de Elvis en un convoy de tres limusinas comandado inevitablemente por el coronel Parker. Los primeros momentos fueron afables pero fríos, con John Lennon llevando la batuta de su grupo al preguntarle a Elvis por su cambio de línea musical respecto a los primeros años, mientras Presley le contestaba cortésmente pero sin entusiasmo, hasta que se hizo un minutos de silencio que el anfitrión rompió con algo similar a «Tíos, si os vais a quedar ahí mirándome toda la noche, me voy a la cama», según recuerda su amigo George Klein. Roto el hielo, lo que siguió fue una improvisación, una especie de pequeña jam session de veinte minutos, en la que Paul McCartney tocó el bajo, John Lennon la guitarra y Elvis los acompañó cantando. Algo de lo que desdichadamente, no queda ningún testimonio.

En enero de 1966 la Metro-Goldwyn-Mayer y Elvis prorrogan su contrato por cuatro películas más. Las cosas van viento en popa y el cantante se entretiene planeando reformas en Graceland, añadiendo a la mansión nuevas dependencias, como la sala de trofeos, destinada a acoger su creciente colección de discos de oro y platino o el Jardín de la Meditación, construido bajo el influjo de su peluquero y guía espiritual, Larry Geller, al igual que su biblioteca de libros místicos. A la espera de regresar al frenesí de Hollywood, el cantante se distrae jugando con el último regalo de Priscilla: el scalextric. Pero no todas sus diversiones son tan inocentes, ya que en las últimas navidades había probado el LSD y comienza realizar experimentos psicodélicos junto a su pandilla más íntima, su novia, Larry Geller y Jerry Schilling, estimulado por la lectura del libro *The Psychedelic Experience*, de Timothy Leary. La experiencia no debió de impresionar muy positivamente al cantante que, según todos los testimonios, aquélla fue la última vez que tomó un ácido. A su regreso a California se instala con Priscilla y su grupo de confianza en una nueva vivienda en Bel-Air. La presencia de su novia pone a prueba el equilibrio del universo íntimo de Elvis, siempre celoso de su independencia, y la pareja pasa por sucesivas crisis, a pesar de lo cual la presencia de la muchacha se va imponiendo.

En 1966 se estrenan tres nuevos títulos cinematográficos de la estrella del rock, con desigual fortuna. El primero de ellos, un *western* musical titulado *Frankie and Johnny*, llega a los cines el 30 de marzo, con unos buenos resultados de taquilla y unas críticas más halagüeñas para Elvis que para la propia película, calificada básicamente

Con Donna Douglas en *Frankie and Johnny*.

de simplona, cuya banda sonora, compuesta en una buena parte por canciones tradicionales estadounidenses, se quedó en una discreta vigésima posición en las listas de éxitos. Peor suerte corrió todavía su siguiente film, *Hawaiian Style* (*Paraíso hawaiano*), estrenada poco más de dos meses después. La intención era repetir la fórmula que tanto éxito había tenido cinco años antes con *Blue Hawaii*, pero el experimento no funcionó y los dos millones y medio de dólares estuvieron muy lejos de satisfacer las expectativas creadas en torno a una película que había costado dos millones. Fue calificada de mediocre, etiqueta de la que no se libraron ni las canciones ni las coreografías de los números musicales. Cinco días antes del estreno, el coronel Parker desbarata otra posibilidad de que Elvis viaje al extranjero, al rechazar una oferta para rodar en Japón alegando que tiene la agenda copada hasta 1969.

En vista de la deriva de su carrera cinematográfica, Presley vuelve una vez más la mirada hacia la música, recuperando el entusiasmo con un nuevo productor, Felton Jarvis, con el que trabaja en lo que será su noveno álbum de estudio, *How Great Thou Art*, con el que realizará su segunda incursión en uno de sus géneros musicales favoritos desde la infancia: el góspel. Una de las cosas más gratificantes

Jake Hess and The Imperials, ídolos juveniles de Elvis.

para el cantante en este proyecto es la posibilidad de volver a trabajar con uno de los grandes ídolos musicales de su juventud, la estrella de la música religiosa y líder del grupo The Imperials, Jake Hess, que once años después tendría el triste privilegio de cantar en el funeral del Rey del Rock. Pero la rueda de los negocios sigue girando implacablemente y a finales de agosto la discográfica RCA decide amarrar a su estrella más rentable y prorroga su contrato hasta 1974. Mientras tanto, la tercera película de 1966, *Spinout* (*Mi regalo de cumpleaños*) llega a las carteleras en octubre para confirmar que definitivamente ése no es un buen año para sus producciones cinematográficas. El film, calificado en el mejor de los casos como correctamente entretenido, no logró pasar del puesto 57 de la lista de películas más taquilleras del año, lo que no impidió que su protagonista se llevara un buen pellizco: 750.000 dólares más el 40% de las ganancias.

En diciembre, como regalo de Navidad, Elvis le compra un caballo a Priscilla y desarrolla una nueva afición caprichosa. Empezó comprando otro para Sandy, la esposa de su amigo y secretario privado, Jerry Schilling, para que acompañase a Priscilla, luego se compró otro para él, y cuando quiso darse cuenta había com-

Elvis y Priscilla en el rancho Flying Circle G.

prado uno para cada una de las personas de su círculo íntimo encontrándose con una cuadra de decenas de animales. Inmediatamente después encargó la reforma del viejo establo de Graceland y montó un picadero detrás de la mansión, pero todo eso, incluida la finca, se reveló insuficiente para dar rienda suelta a su nueva pasión, y a principios de febrero de 1967 se compra un rancho en Misisipi, justo al otro lado de la frontera de Tennessse y a tiro de piedra de Graceland. Se llama Twinkletown Farm y ocupa 66 hectáreas que le cuestan 437.000 dólares. Elvis lo rebautiza Flying Circle G, crea su propia marca para el ganado, una G, y se zambulle con entusiasmo en la vida campestre. Al principio los caballos y el rancho, con sus excursiones de amigos y galopadas al aire libre, fueron un bálsamo para el desasosegado espíritu del cantante, pero pronto todo volvió a descontrolarse. Por esa época entra en una enloquecida vorágine de compras caprichosas: motos, coches, caravanas, caballos, sillas de montar, relojes, joyas, cualquier cosa que se pueda adquirir y regalar. Pero nada de eso consigue calmar la ansiedad que le produce la frustración de ver que su carrera cinematográfica está irremisiblemente empantanada y comienza a aumentar su consumo de pastillas, y cuantas más drogas consumía más derrochaba, mientras que la presión de los estudios de cine y de su discográfica, que pedían nuevos productos que lanzar al mercado, aumentaba. Había entrado en una espiral que acabaría devorándolo. Fue precisamente por entonces cuando entró en su vida George Nichopoulus, un doctor que se convertiría en su médico de cabecera, proporcionándole todo tipo de fármacos hasta el final de sus días.

EL DOCTOR NICK

El 26 de febrero de 1967, George Nichopoulus, del Medical Group de Memphis, recibió una llamada para que atendiese a Elvis, cuyo médico habitual estaba ilocalizable. El cantante tenía heridas y molestias provocadas por la silla de montar y además necesitaba un certificado que justificase que no se encontraba en condiciones de incorporarse al rodaje de una nueva película, *Cambalache*. El doctor Nichopoulus, en adelante conocido como Nick, solventó ambos problemas y acabó de ganarse la confianza de la estrella del rock cuando atendió también a su abuela Minnie Mae. Desde entonces se convirtió en miembro del círculo de confianza de Elvis a quien acompañaría hasta el final, atendiendo su salud y, sobre todo, atiborrándolo de sedantes, estimulantes, anfetaminas, barbitúricos y todas las drogas de la farmacopea legal a su alcance. Fue el complemento perfecto del coronel Parker para mantener en funcionamiento el sobrexplotado mecanismo de la maquinaria de hacer dinero en que se había convertido el cantante. A la muerte de éste, el doctor Nick fue juzgado por proporcionar a Elvis y otros pacientes, como Jerry Lee Lewis, drogas de manera «ilegal, deliberada y criminal». Fue absuelto pero le retiraron la licencia médica, aunque él afirmó toda su vida haber sido un chivo expiatorio.

George Nichopoulus, el Dr. Nick.

Una prueba del estrés en el que vive Presley es que al día siguiente de que el doctor Nichopoulus le atienda y mientras intenta recuperarse para hacer frente a un nuevo rodaje, sale al mercado *How Great Thou Art*, el segundo álbum dedicado a la música góspel, que había sido grabado siete meses antes, en una sucesión acelerada de viajes entre Hollywood y Nashville. El disco, el primero desde 1962 que no es una banda sonora, es un éxito rotundo, convirtiéndose en disco de platino y consiguiendo para el cantante su primer Premio Grammy. Prácticamente sin solución de continuidad, un mes después se estrena la película *Easy Come, Easy Go* (*Como viene, se va*), otra comedia intrascendente que recibió unas pésimas calificaciones por parte de la prensa especializada, que quedan perfectamente resumidas en la crítica de *Los Angeles Times*: «La película está acertadamente resumida en su título, tan fácil de tomar como fácil de olvidar». Tampoco los resultados económicos fueron los esperados y además la banda sonora fue el disco con las peores ventas desde que Elvis tenía contrato con RCA. Ése no será un año especialmente afortunado para sus películas. A finales de la primavera llega a los cines *Double Trouble* (*Doble problema*), la historia de un cantante norteamericano metido en problemas con unos delincuentes durante un viaje a Europa, algo que nunca le podría suceder al propio Elvis, fundamentalmente porque tras su paso por el ejército nunca volvería a pisar el viejo continente. Las críticas siguieron el esquema ya habitual de ponderar la música y destacar la flojedad del guion y la interpretación del cantante y los datos de taquilla tampoco fueron excesivamente buenos.

Boda en Las Vegas

En medio de esta etapa de mediocridad cinematográfica, el Rey del Rock decide claudicar y materializar algo que llevaba posponiendo desde hacía años: su boda con Priscilla, a la que había regalado un anillo de diamantes para pedirle formalmente matrimonio a finales de 1966. El 1 de mayo de 1967, Elvis y Priscilla se casaron en una *suite* del Hotel Aladdin de Las Vegas, a donde habían llegado en el avión privado de Frank Sinatra. La licencia matrimonial costó 15 dólares, la ceremonia privada duró ocho minutos, asistieron 14 personas, fue oficiada por el juez de la Corte Suprema de Nevada, David Zenoff, Michelle, la hermana de Pris-

cilla, fue la dama de honor y Joe Esposito y Marty Lacker, miembros del círculo íntimo de Elvis conocido como la mafia de Graceland, fueron los testigos. Entre el resto de los asistentes se encontraban Vernon, el padre de Elvis, Anna Lillian Iversen, madre de Priscilla, y su esposo, Paul Beaulieu y, curiosamente, Harry Levitch, el joyero del cantante. Quedaron fuera del acto algunos de los amigos más cercanos del cantante y sus esposas, lo que provocó fricciones con el coronel Parker, que era quien se había encargado de organizarlo todo, además los excluidos se desilusionaron con la actitud de Elvis, que ni siquiera en aquella ocasión  había impuesto su propio criterio. Su guía espiritual, Larry Geller, ni siquiera fue invitado a viajar a Las Vegas y se enteró de la boda por la prensa. Una vez más el falso coronel había ganado la partida. Acto seguido se celebró una rueda de prensa y un desayuno al que asistieron unas cien personas y costó 10.000 dólares. Los recién casados abrieron el tradicional baile nupcial a los sones de «Love Me Tender» y luego se fueron de luna de miel a Palm Springs, para regresar a Memphis tres días después, para celebrar otra recepción para los amigos, conocidos y trabajadores del artista, que no habían asistido a la boda. En realidad, no pasaban de medio centenar de personas. El 10 de junio la pareja y toda la *troupe* de Graceland se fueron al Gran Cañón del Colorado en el autobús Greyhound que Georges Barris había transformado en un vehículo de lujo.

Menos de un mes después, el 26 de junio, Elvis vuelve al trabajo para comenzar el rodaje de la película *Speedway*, junto a Nancy Sinatra. El cantante se ha convertido definitivamente en una de las estrellas de cine más populares. Lejos queda el día en que, diecinueve años atrás, llegó a Memphis acompañando a sus padres para empezar una nueva vida. Ahora es el personaje más famoso de la ciudad y así lo reconocen tanto William Ingram, el alcalde, como Buford Ellington, el gobernador del estado de Tennessee, que el 29 de septiembre deciden homenajearlo declarando El Día de Elvis Presley, en reconocimiento a sus abundantes aportaciones benéficas a distintas instituciones locales.

El ritmo de producción es frenético, mientras rueda una película se está estrenando la siguiente, en este caso *Clambake* (*Cambalache*), que llega a los cines el 18 de octubre con unos resultados de taquilla más bien mediocres, lo que obliga a la Metro-Goldwyn-Mayer a replantearse el pago de un millón de dólares por película, y de hecho Elvis no volverá a recibir esa cantidad. No es una película de muy grato recuerdo para el cantante, ya que a las ya acostumbradas críticas adversas se sumó un rodaje incómodo por las discusiones con el coronel Parker, que le había prohibido que perdiese el tiempo en la lectura de los libros que le recomendaba su gurú espiritual, Larry Geller, algo que le produjo una tensión que estimuló el consumo de medicamentos y le llevó a engordar casi 14 kilos, tal como desveló Priscilla en sus memorias.

1968 comenzaba con una secreta esperanza para Elvis: que fuera el último de su errática aventura cinematográfica, tal como estipulaba el contrato con la Metro-Goldwyn-Mayer, que vencía aquel año. Pero el insaciable Tom Parker había vuelto a maniobrar a espaldas del cantante y había llegado a un acuerdo de 1,25 millones de dólares con la productora NBC para hacer una nueva película, además de un programa un especial de televisión que se emitiría en diciembre y que el coronel tenía la intención de convertir en un empalagoso espectáculo de villancicos navideños. Pero el día 1 de febrero, al mismo tiempo que en Sudáfrica el doctor Christian Barnard realiza con éxito su tercer trasplante de corazón, el cantante vive uno de los momentos que más satisfacción darán al suyo: el nacimiento de su hija Lisa Marie Presley. Es un momento de enorme felicidad para Elvis, pero viene precedido por importantes desencuentros en la pareja. Al contrario que él, Priscilla había recibido la noticia de su embarazo como una enorme contrariedad que tiraba por la borda sus

LA SOLEDAD DE LA REINA DE GRACELAND

Lo que hubiese debido ser el inicio de una nueva y feliz etapa para Priscilla y Elvis, el nacimiento de su hija, fue justamente lo contrario: el comienzo de un largo camino hacia la ruptura. Él siempre había dicho, incluso a su propia esposa, que nunca había podido hacer el amor con una mujer que hubiera tenido un hijo, algo que se reveló como una trágica realidad tras la llegada al mundo de Lisa Marie. Rechazada en el lecho conyugal, Priscilla comenzó a sentirse cada vez más física y sentimentalmente insatisfecha y sola. Su familia estaba en Alemania y todos los que la rodeaban formaban parte del universo personal de su marido, es más, dependían de él. A los pocos meses tuvo una aventura amorosa con su profesor de baile. La primera grieta en la jaula de oro de su matrimonio con el Rey del Rock.

planes de revitalizar su matrimonio y viajar con su marido pero sin toda la *troupe* que los acompañaba habitualmente. Incluso llegó a pensar en abortar, pero se echó atrás casi de inmediato. El cantante, por el contrario, se había comportado como el típico padrazo satisfecho repartiendo puros a los amigos y haciendo planes para el futuro. Poco a poco las aguas volvieron a su cauce y la pareja comenzó una nueva etapa más relajada, preparando Graceland para la llegada de su retoño. Por esa época cerraron el Rancho Circle G, que se había convertido en un problema financiero, justo en el momento en el que las películas empezaban a dar menos dinero. Por fin, tras un parto de nueve horas, llegó al mundo, Lisa Marie, la hija de Elvis y Priscilla, y ésta aprovechó la circunstancia para hacerse con las riendas de su hogar. La pareja se trasladó de nuevo a California para que él comenzase el rodaje de *Live a Little, Love a Little*, su vigesimoctava película, mientras la mayoría del grupo íntimo del cantante se disgregó. Pero una sombra amenazaba su felicidad. Desde el nacimiento de la niña, Elvis había dejado de hacer el amor con su esposa.

Días de plomo

La siguiente película de Presley, *Stay Away, Joe*, que nunca fue estrenada en España, llega a las carteleras en marzo de 1968. Esta vez el cantante se mete en la piel de un jinete de rodeo de ascendencia india, Joe Lightcloud, cuya familia aún vive en la reserva. A pesar de las esperanzas de Elvis de poder hacer de una vez una película sería, se trata de un *western* cómico que sigue la estela de los últimos films del cantante, con unos mediocres resultados económicos, ácidas críticas por la imagen que se da de los indios de las reservas y una banda sonora que ni siquiera mereció el lanzamiento de un disco. El sombrío estado de ánimo de Presley por la deriva de sus películas se convierte en absoluto abatimiento cuando el 4 de abril se entera de que en su querida ciudad de Memphis ha sido asesinado Martin Luther King, el líder de la lucha por los derechos civiles de los afroamericanos. Elvis estaba rodando *Live a Little, Love a Little* y al conocer la noticia se encerró en su camerino, donde siguió por televisión los actos fúnebres llorando. Elvis era un gran admirador del doctor King y muy a menudo hacía referencias a su célebre discurso I Have a Dream (Tengo un sueño). Fue por entonces cuando decidió incluir en su repertorio del especial navideño la canción, «If I can dream» («Si puedo soñar»), compuesta por Walter Earl Brown e inspirada en el discurso del líder negro. En principio, el coronel Parker se opuso a esta idea, pero tuvo que replegar velas ante la contundente reacción de su pupilo,

El Dr. Martin Luther King.

que por entonces empezaba a mostrar su hartazgo del despotismo de su mánager: «Nunca voy a cantar otra canción en la que no crea, nunca voy a hacer otra película en la que no crea». Pero las razones para el pesimismo y el abatimiento del cantante, y del resto de la sociedad norteamericana, no han terminado. El 6 de junio de ese nefasto 1968, mientras el Rey del Rock se encuentra enfrascado en los ensayos de su primer programa especial de televisión, Robert Kennedy, el más firme candidato a presidente de los Estados Unidos, es abatido a tiros en el Hotel Ambassador de Los Ángeles. Hacía menos de cinco años que su hermano John Fitzgerald había sido asesinado en Dallas y el país entero entra en un nuevo estado de estupor.

Seis días después del atentado llega a los cines *Speedway* (Pista de carreras), en la que compartió protagonismo con Nancy Sinatra y que contó con la presencia de los más célebres pilotos de carreras norteamericanos del momento. Sería su última película netamente musical y también uno de sus últimos films taquilleros. El año cinematográfico lo cierra *Live a Little, Love a Little*, que se estrena el 23 de octubre.

UN GIRO RADICAL

A finales de 1968, con la producción televisiva conocida popularmente como 68 Comeback Special, la carrera musical de Elvis da un nuevo giro y se acerca a las esencias del cantante que se había convertido una década antes en el Rey del Rock, tal como cuenta su amigo George Klein en el libro *Un aplauso para el astronauta,* de David Moreu: «Apareció cantando rock 'n' roll como en los años cincuenta y principios de los sesenta. Funcionó perfectamente. Era como si se hubiera aceptado de nuevo a sí mismo. A partir de ese momento retomó su carrera discográfica, pero sólo le ofrecían canciones horrorosas porque su mánager, el coronel Parker, pedía el 50% de los derechos de edición. Los grandes compositores no estaban dispuestos a ceder aquella gran suma de dinero y eso hacía que Elvis únicamente recibiera caras B. Yo saqué este tema durante una cena en Graceland con su mánager y otra gente cercana porque sabía que artistas como Neil Diamond querían componer para Elvis. Entonces abrimos definitivamente la puerta y, una vez que el coronel Parker se apartó de en medio, empezaron a llegar buenas canciones como 'Suspicious Minds', que vendió 10 millones de copias».

Después de nueve años apartado de la primera línea de la música, recluido en Hollywood y en su entorno personal, muchos daban por acabado el reinado de Elvis en el rock. En la Navidad del 68, con el especial de televisión, conocido como 68 Comeback Special, demostró que seguía vivo. Ahora tenía que probar que la vida disoluta y su afición a los fármacos no le habían pasado factura y seguía siendo él mismo en directo. Y lo hizo en Las Vegas, que se convertiría en su cuartel general hasta el fin de su días.

> «La verdad es como el sol, puedes ocultarla por un tiempo, pero no va a desaparecer.»
> **Elvis Presley**

LIVING LAS VEGAS

El Rey del Rock había vuelto convertido en un artista más completo, más maduro, con un mayor dominio del escenario y una concepción más global del espectáculo.

El martes 3 de diciembre de 1968 se abre una nueva etapa en la carrera artística y la vida de Elvis Presley. La productora NBC retransmite por televisión el programa especial *Elvis*, genéricamente conocido como 68 Comeback Special. El espectáculo se convierte en uno de los mayores éxitos televisivos del año, alcanzando un 40% de audiencia y críticas entusiastas. La grabación se había celebrado el 27 de junio, dividida en dos espectáculos bautizados como *Sit-Down Shows*, de los que se seleccionó el material para la emisión definitiva. Incluyó lo mejor de su repertorio, desde «Trouble», una canción de la banda sonora de la película *King Creole*, de 1958, hasta «If I Can Dream», compuesta sólo unos meses antes, y pasando por clásicos como «Blue Suede Shoes», «Love Me Tender», «Guitar Man» o «A Little Less Conversation», entre otros muchos. Presley salió a escena con una imagen absolutamente renovada respecto a sus últimos años y que recordaba sus primeros tiempos. Enfundado en un traje de cuero y visiblemente más delgado después de pasar unas vacaciones enseñándole a Priscilla su paraíso hawaiano, derrochó energía y carisma desde el primer tema, en una primera parte grabada con público en directo, para pasar luego a un set acústico en el que estuvo acompañado por músicos que le habían acompañado a lo largo de su vida, como Scotty Moore, D. J. Fontana o Charlie Hodge, y finalizó con una sucesión de grabaciones que incluían montajes coreografiados y que ilustraban distintas etapas de su vida y sus influencias musicales.

Un hito histórico

En aquel momento el cantante tenía treinta y tres años y un bagaje artístico superior al que la mayoría de los artistas podrían atesorar a lo largo de sus vidas. Conocía el negocio, había estado en la cumbre y se había precipitado cuesta abajo, y aquella noche demostró que estaba preparado para volver a escalar la cima. El programa marcó un hito en las retransmisiones musicales en televisión, que hasta entonces se limitaban a una sucesión de unas cuantas canciones en directo o a una recopilación de grabaciones sin mayor esquema argumental. Esta vez se mostró a un artista que desnuda su alma ante el público exponiendo su trayectoria personal y musical sin eludir ningún riesgo y aceptando todos los desafíos. El *show* duró cincuenta minutos, editados a partir de cuatro horas de grabación original, e introdujo innovaciones como el set acústico, que está considerado como el primer *unplugged* de la historia. Fue líder de audiencia en la semana de su emisión y se convirtió en el programa más visto de la temporada. El álbum con la banda sonora llegó al octavo puesto de la lista del *Billboard 200* y en 1999 se convirtió en disco de platino.

Una pieza clave para el éxito de este espectáculo fue el productor y director de televisión Steve Binder, que cuando fue llamado para hacerse cargo del evento tenía tantas dudas sobre las posibilidades de éxito del mismo como el propio Elvis. Fue él quien convenció al cantante de la necesidad de ir más allá de la idea del coronel Parker de montar un especial navideño manido y hortera, y crear un espectáculo de reivindicación propia después de tantos años alejado de la primera línea del espectáculo musical. Y lo hizo a la brava, sacándolo de la burbuja de autocomplacencia en la que se había encerrado con el beneplácito y colaboración de su entorno personal más íntimo y sacándolo a la calle para demostrarle que se estaba convirtiendo en un desconocido para la gente común. Pero también fue Binder quien salvo *in extremis* el espectáculo cuando los miedos y las dudas de Presley estuvieron a punto de mandarlo al traste en los últimos minutos, tal y como apunta Eduardo Izquierdo en su libro *Elvis. El regreso*, que relata magistralmente el encuentro de ambos momentos antes de salir a escena: «El cantante, pálido, pide que los dejen solos y Steve se teme lo peor. Algo que, por supuesto, va a suceder. "Steve, no puedo hacerlo", le asegura Elvis. "Tengo la mente totalmente en blanco y no recuerdo nada de lo que canté o dije en los ensayos. Además, quieres que salga e improvise. Simplemente, no puedo" [...] Binder se dio cuenta de que Elvis estaba actuando como un niño. Hacía tiempo que había perdido el soporte de su madre y el coronel había adoptado el papel de director, no sólo de su carrera, sino también de su vida. Pero ahora estaba allí sin él. Sabía que no tenía su apoyo y dudaba de si, al final, lo hacía con razón. Así que Binder tomó la opción de ejecutar ese papel y de manera firme transmitió a Elvis

> ### UN BAÑO DE REALIDAD
>
> Durante los ensayos para la grabación del programa 68 Comeback Special, que supondría el regreso de Elvis al mundo de la música, el director Steve Binder se dio cuenta de que el cantante no acaba de entender precisamente esa idea de retorno porque tenía una idea equivocada respecto a su popularidad como músico. Todos los que le rodeaban alimentaban esa idea, así que Biden se encargó de abrir los ojos de la forma más cruda: «¿Qué crees que pasaría si sales ahora a la calle? Pues no pasaría nada. Estamos en 1968. Si empiezas a caminar por Sunset Boulevard, yo te aseguro, te garantizo, que nadie te va saltar encima para destrozarte las ropas. Nadie te va a pedir un autógrafo». Presley siguió con los ensayos sin contestarle. Para asombro de los presentes, ni siquiera se enfadó, pero unos días después aceptó el reto, salió con Biden a la calle y comprobó que el director tenía razón. Caminaron un rato los dos solos por la acera y nadie se inmutó al verlo, ni le pararon ni hicieron ademán de reconocerlo. El baño de humildad fue un duro golpe para la vanidad del Rey del Rock, pero sirvió para espolear sus ansias de darlo todo en el programa y seguir los dictados del directo, que se había ganado definitivamente su confianza.

su opinión. Sin fisuras. No preguntó. Afirmó. "Elvis no voy a preguntarte. Vas a salir. No me importa si sales y dices hola y adiós, y te vas detrás del escenario, pero vas a salir". Era lo que el cantante necesitaba, no hay duda. Porque Elvis salió. Vaya si salió». Curiosamente, este éxito supuso un nuevo punto de fricción entre el cantante y el coronel Parker. Elvis quería aprovechar para volver a cantar en vivo ante el público y el mánager anunció que pronto organizaría un *Comeback Tour*, lo que desató la ira de Presley, quien consideró que eso le presentaba como alguien del pasado. Por fin, en enero del año siguiente, Elvis regresa a las sesiones de grabación para comenzar a trabajar en lo que será su décimo álbum de estudio, *From Elvis in Memphis*.

Por fin el cantante comienza a ver la luz al final de túnel de su etapa en Hollywood y 1969 será definitivamente el último año de su carrera cinematográfica. El 12 de marzo comienza a proyectarse *Charro!*, un *western* del director Charles Marquis Warren, con el que vuelve al género dramático en la única película de su trayectoria en la que no canta ante la cámara. La película está más próxima al *spaghetti western* que se rodaba por entonces en los platós españoles que al cine del oeste de la vieja usanza, que había entrado en franco declive. Elvis adopta una imagen inusual para interpretar a un forajido,

con barba y aspecto desaliñado, muy alejada de la que lucía hasta entonces en los musicales. A pesar de que la película tuvo bastante éxito en taquilla, las críticas a la interpretación de Presley siguieron siendo mayoritariamente negativas, produciéndose la paradoja de que esta vez muchos echaron de menos que no cantara más que en el tema de los créditos iniciales.

En junio se estrena *The Trouble with Girls* (*Mis problemas con las mujeres*), su última película con la Metro-Goldwyn-Mayer, de cuyas críticas basta el botón de muestra de lo que publicó *The Monthly Film Bulletin*: «La extraña mezcla de la trama de teatro de aficionados, humor campechano y melodrama pone a prueba la credibilidad incluso para una película de Presley, y las pocas canciones son instantáneamente olvidables». Elvis se embolsó 850.000 dólares, la mitad de las modestas ganancias que produjo la película, que fue proyectada en un programa doble con el film *Flareup*, protagonizado Raquel Welch. Las cinco canciones que interpretó en la banda sonora se quedaron diluidas en una serie de intentos fallidos por parte de la RCA para sacar agua del pozo seco que en aquellos momentos era la carrera musical de Elvis, tras el fracaso de sus últimos sencillos y del álbum con la banda sonora de la película *Speedway*.

El 31 de julio de 1969, mientras el presidente Richard Nixon acaparaba todos los titulares del mundo con su visita a Vietnam del Sur, donde cerca de medio millón de soldados norteamericanos se jugaban la vida, Elvis Presley también hacía historia en el Hotel Internacional de Las Vegas, recién inaugurado como el hotel más grande del mundo. Aquel jueves, a las ocho de la tarde, volvió a subir a un escenario por primera vez en ocho años, desde el concierto que había celebrado en Hawái en 1961 para recaudar fondos para la construcción del USS Arizona Memorial, en homenaje a todos los que perdieron la vida en Pearl

Harbor. El primer tema de su regreso fue «Blue Suede Shoes», el tema de Carl Perkins que había grabado en enero de 1956, sin conseguir nunca el éxito de su autor, y siguió cantando durante más de una hora y cuarto. Quienes habían acudido cargados de escepticismo, o incluso espoleados por el morbo y ávidos de certificar la defunción del mito, se llevaron una enorme decepción.

En plena forma

Su voz seguía teniendo el tono perfecto y mantenía la misma buena forma física que había exhibido en el *68 Comeback Special*, donde había resucitado para la música, aunque en Las Vegas añadió un detalle más que asombró a propios y extraños: con la misma desenvoltura del programa televisivo, mostró una cercanía inusitada con el público que había asistido a verle en vivo, interactuando con él al estilo de los artistas de club, algo que Presley no había hecho nunca. Como respaldo musical rescató a James Burton, un guitarrista al que admiraba desde sus tiempos juveniles y que había actuado con artistas como Ricky Nelson o Frank Sinatra, y lo puso al frente de una banda de sólidos músicos de estudio procedentes de los ámbitos más variados, del rhythm & blues al folk, pasando por la escena *hippie* en boga por aquellos días. Para

Elvis Presley y James Burton.

el apoyo vocal contó con The Imperials, uno de sus grupos de góspel favoritos, y The Sweet Inspirations, que eran acompañantes de Aretha Franklin. Pero el día de su debut casi había más músicos y famosos entre el público que sobre el escenario, tal y como cuenta Peter Guralnick en su biografía: «Había un panteón de famosos del mundo de la música, desde Fats Domino y Pat Boone hasta Paul Anka, pasando por Phil Ochs, Carol Channing, Shirley Bassey o Dick Clark. La mayoría de las estrellas del Strip estaban presentes. El coronel había organizado incluso un viaje en el avión privado de Kirk Kerkorian para un grupo de críticos de Nueva York, mientras que Elvis envió una invitación especial a su primer mentor, Sam Phillips, para que asistiera al estreno».

Las críticas fueron entusiastas y desde *The New Yorker* a *The New York Times*, la prensa se rindió a la exbición del renacido Elvis Presley, y la revista *Rolling Stone* lo calificó de «sobrenatural». El Rey del Rock había vuelto convertido en un artista más completo, más maduro, con un mayor dominio del escenario y una concepción más global del espectáculo. Estaba lejos de aquel muchacho arrebatado, de movimientos enérgicos e impredecibles, y si alguien lo echó de menos le duró poco la nostalgia, porque no sólo había pulido su presencia escénica, sino que además había mejorado su repertorio. Temas como «In the ghetto», una canción con mensaje social, «Suspicious minds», una reflexión sobre las complejidades sentimentales del amor adulto, «I'll Hold You in My Heart (Till I Can Hold You in My Arms)», el desgarrado lamento de una separación, o «Memories», una zambullida en la nostalgia del pasado, eran algo impensable una década atrás.

Cinco meses después de la reaparición en directo en Las Vegas, el 10 de noviembre, llega a los cines *Change of Habit* (*Cambio de hábito*) fruto del contrato firmado por el coronel Parker con la productora NBC. La despedida del Rey del Rock del mundo del celuloide es un retorno a los papeles dramáticos, encarnando a un médico que trabaja en un bario marginal y se enamora de una de sus ayudantes, que es monja. Es una de las primeras películas en las que se aborda el tema del autismo y Presley puso todo su empeño en meterse en el papel, sin conseguir remontar las críticas adversas, que a estas alturas se había convertido en algo rutinario. En cualquier caso, su carrera como actor había llegado al final y se aprestaba para iniciar el retorno a primera línea de la música, tras casi una década en el mundo de la interpretación que el cantante resumió con amargura: «Hollywood había perdido de vista lo básico. Son unos charlatanes de lujo a los que les gusta encasillarte».

Tras su amarga y decepcionante experiencia en el cine, Elvis se refugió en Las Vegas, trabajando con entusiasmo y repitiendo el éxito de su primer concierto todos los días, dos veces por noche, durante cuatro semanas. No sólo batió récords de resultados con unas ganancias de 100.000 dólares a la semana, un caché similar al de las grandes estrellas de la capital del juego como Frank Sinatra o Dean Martin, sino que creó un tipo de *show* diferente que otros imitarían, tal y como detalla Richard Zoglin en su obra *Elvis in Vegas: How the King reinvented the Las Vegas show*: «Ya no era un encuentro íntimo en un club nocturno para unos cientos de personas, sino una *extravaganza* a lo grande para miles de personas. Allanó el camino para espectáculos fastuosos de estrellas como Cher y Dolly Parton y, mucho después, Celine Dion, Elton John y una nueva generación de

> «Memories»
> Memories, pressed between the pages of my mind
> Memories, sweetened thru the ages just like wine
> Quiet thought come floating down
> And settle softly to the ground
> Like golden autumn leaves around my feet
> I touched them and they burst apart with sweet memories,
> Sweet memories
>
> Memorias, prensadas entre las páginas de mi mente
> Memorias, endulzadas a través del tiempo como el vino
> Un pensamiento silencioso viene flotando
> Y se sienta suavemente en el suelo
> Como un dorado otoño de hojas alrededor de mis pies
> Las toqué y ellas explotaron con dulces memorias
> Dulces memorias

estrellas pop que se apuntan a hacer residencias en Las Vegas». Pero la etapa de éxito clamoroso de Elvis en Las Vegas no pasará de los dos primeros años, ya que a partir de principios de 1972 empieza su declive definitivo. Aun así, su etapa como estrella de la capital del juego se saldará con un rotundo éxito en cifras económicas globales. Durante cinco años más ingresó 125.000 dólares a la semana y su espectáculo fue presenciado por casi 102.000 personas que se dejaron en la taquilla 1,5 millones de dólares.

Éxito y sensibilidad

En el verano de 1969 Presley es un hombre nuevo dispuesto a relanzar su carrera y a volver a disfrutar de la música con toda intensidad. En los conciertos de Las Vegas se le ve cada vez más cómodo y más intenso ante un nuevo público, más maduro y completamente entregado, especialmente sus fans femeninas que reaccionan con un entusiasmo casi histérico a pesar de no ser ya ningunas quinceañeras. Llegó a un acuerdo, o más bien el coronel lo hizo, para actuar en el Hotel Internacional dos veces al año como artista preferente y su presencia en la ciudad atrajo a un buen número de visitantes ilustres, desde Jerry Lee Lewis hasta Tom Jones, pasando por la actriz Zsa Zsa Gabor. Pero fuera de Las Vegas empezó a mostrarse inquieto. Apenas pasaba tiempo en Graceland y no cesaba de viajar mientras se iba distanciando cada vez más de Priscilla, aunque planeó un viaje con ella y algunos amigos para visitar Europa, una idea que, como era de esperar, se encargó de dinamitar el inevitable coronel Parker con la excusa de que se-

> **«In the ghetto»**
>
> As the snow flies on a cold and gray Chicago mornin'
> A poor little baby child is born, in the ghetto
> And his mama cries, cause if there's one thing that she don't need
> It is another hungry mouth to feed, in the ghetto
> People, don't you understand. The child needs a helping hand
> Or he'll grow to be an angry young man some day
> Take a look at you and me. Are we too blind to see?
> Do we simply turn our head and look the other way?
>
> Mientras la nieve cae en una fría y gris mañana de Chicago
> Nace un niño pobre, en el gueto
> Y su mamá llora, porque si hay algo que no necesita
> Es otra boca hambrienta para alimentar, en el gueto
> No lo entendéis. Ese niño necesita una mano amiga
> O llegará algún día a ser un joven airado
> Mírate a ti y a mí. ¿Estamos demasiado ciegos para verlo?
> ¿Simplemente volvemos la cabeza y miramos para otro lado?

ría un agravio para los fans del viejo continente que el cantante lo visitase como turista, sin actuar, cosa a la que él seguía negándose rotundamente.

En febrero de 1970 se lanza un nuevo álbum, *On Stage*, su segundo disco en directo, con canciones ajenas, de Neil Diamond, John Lennon, Paul McCartney, John Fogerty o Del Shannon, interpretadas sus actuaciones en el Hotel Internacional, y que alcanzará el decimotercer puesto en las listas de éxitos. Las actuaciones en directo se suceden en grandes escenarios como el Astrodome de Houston, con récords de asistencia y el 1, 12 y 13 de agosto regresa a Las Vegas para grabar el especial *Elvis Presley Summer Festival*, que se convertirá en la base del documental *Elvis: That's the way it is* (Esto sí es Elvis), cuya banda sonora es un recopilatorio de sus grandes éxitos de diversas etapas, incluido alguno de los más recientes como «In the Ghetto», la canción que había estrenado el año anterior y que desde entonces era parte imprescindible de su repertorio, suponía un acercamiento del cantante al ambiente político y social que se respiraba en Estados Unidos, con las protestas multitudinarias contra la Guerra de Vietnam, los recientes disturbios de Stonewall y el cenit del movimiento de los derechos civiles de los afroamericanos con el éxito de los Freedom Riders (los Viajeros de la Libertad) que supusieron el principio del fin de las leyes de segregación racial. El hecho de cantar el tema compuesto por Mac Davis, un músico de country, no era baladí. La canción narraba toda la desesperación de una madre del gueto ante la inevitable miseria, marginación y muerte a la que está condenado su hijo, e interpelarla suponía un compromiso que en aquel momento casi nadie estaba dispuesto a asumir, tal y como afirma Víctor Blanco Labra en su libro *Elvis en el Bosque. Psicografía de Elvis Presley*:  «Sólo Elvis tuvo el valor necesario para grabar esta canción [...], le fue ofrecida antes que a Elvis, a Bill Medley, del famoso grupo de los llamados *soul brothers* blancos: los Righteous Brothers. Quizá porque, después de a Elvis, a ellos también los calificaron como "blancos que cantaban como negros". Medley se negó a grabarla. Se le ofreció entonces a Sammy Davis Junior, el popular cantante y actor negro del clan Sinatra, pero también la rechazó. Elvis Presley no sólo se atrevió a grabarla, sino que hizo toda una creación en forma extraordinaria, poniendo en ella el sentimiento del hombre que convivió de niño con los negros, en los barrios negros de Tupelo y de Memphis».

El álbum *That's the Way It Is* logró un éxito notable, ubicándose en el octavo puesto de las listas de country y el veintiuno en el *Billboard 200*. Para exprimir bien el disco, el coronel prepara un nueva gira para rematar el año, la primera desde 1957. Comenzará en Phoenix el 9 de septiembre y recorrerá nueve ciudades. Pero antes de partir el cantante y su equipo vivirán momentos de zozobra. Primero fue la presentación de una denuncia por parte de Patricia Ann Parker por supuesta paternidad, algo que ensanchó la brecha que ya existía en su matrimonio, y luego, dos semanas antes de partir, el personal de

Con Patricia Parker.

seguridad del Hotel Internacional y algunas personas del entorno del cantante recibieron varias llamadas advirtiendo de la preparación de un atentado contra la estrella del rock justo durante una de sus ultimas actuaciones en Las Vegas, algo que sumió a Elvis en un estado de inestabilidad emocional, a pesar del cual no canceló el concierto; afortunadamente todo quedó en nada. Para acabar de complicar la recta final del año, Vernon Presley, que se seguía encargando de firmar los cheques y pagar las facturas, descubrió que su hijo había vuelto a dar rienda suelta a su espíritu manirroto y se había gastado unos 20.000 dólares en tres noches para comprar armas, joyas y diez Mercedes Benz para regalar.

Delirios de grandeza

También a finales de 1970 se produce un hecho que revela el estado de confusión en el que empezaba a vivir el artista. El 21 de diciembre, Presley se reunió con el presidente de los Estados Unidos, Richard Nixon, en el Despacho Oval de la Casa Blanca. El encuentro estuvo marcado por el más puro surrealismo y una cierta tensión soterrada. Ninguno de los dos pasaba precisamente por su mejor momento: el presidente lidiaba a diario con las furibundas protestas contra la Guerra del Vietnam y estaba en el punto de mira de las organizaciones de derechos civiles y el movimiento pacifista liderado por los *hippies*, los mismos *hippies* que hacía tiempo que consideraban al Rey del Rock como una figura obsoleta, una marioneta del sistema. La foto de ambos dándose la mano en el despacho presidencial, los dos mirando a la cámara, tiene algo de irreal, de retrato de circunstancias, y el propio Nixon transmite una extraña sensación, como si no supiese exactamente qué estaba sucediendo. Elvis sin embargo sabía exactamente lo que quería, aunque fuese algo infantil y disparatado. Había organizado aquel viaje prácticamente en secreto, sin un plan previo, lo habían acompañado dos fieles de su círculo íntimo, Jerry Schilling y Sonny West, y había preparado la solicitud de entrevista mientras volaban en su avión privado rumbo a Washington.

A grandes rasgos, la idea del cantante era ofrecer su prestigio entre la juventud para alejarla del consumo de drogas y la vida licenciosa a la que los estaba arrastrando la nueva música rock, según su opinión. A pesar de la ironía que encerraba que aquella propuesta partiese de un hombre que consumía en abundancia drogas farmacéuticas, ése era el principal punto de conexión entre el rockero y el político, ya que Nixon también consideraba las drogas como uno una amenaza para el país y el problema más grave de los jóvenes estadounidenses. Para redondear aquel dislate, el cantante le llevaba un extravagante regalo al presidente: una automática Colt 45, balas incluidas, para pasmo de Egil *Bud* Krogh, el único testigo directo de aquella entrevista, un joven abogado del círculo de confianza de Nixon que en 1973 fue condenado a prisión por su participación en le escándalo Watergate: «Tuve que decirle a Elvis que no podía llevar consigo al Despacho Oval la pistola que llevaba».

El comienzo del encuentro fue un poco confuso. El presidente no acaba de entender a qué se debía la popularidad de aquel individuo un tanto errático y que le contaba cosas tan sorprendentes como que había realizado un estudio profundo sobre técnicas comunistas para el lavado del cerebro y para el que la razón principal de la entrevista parecía ser que el presidente le diese una auténtica plaza de policía que le permitiera trabajar como agente secreto de la Oficina Antinarcóticos en la lucha contra las drogas, a lo que Nixon accedió gustoso, provocando otra reacción inesperada del cantante, que le abrazó emocionado.

El declive de Elvis comenzó a acentuarse a partir de 1971. La necesidad de tomar fármacos para salir al escenario, para aguantar una gala sin desfallecer, para poder dormir, o para estar más o menos lúcido en sus apariciones públicas no sólo minó su salud, sino también su imagen. Cada vez estaba más hinchado y sus trajes de lentejuelas con llamativas capas y extravagantes gafas de sol empiezan a conferirle un aspecto burlesco que en ocasiones roza el ridículo. La fuerza de su directo va desapareciendo mientras se vuelve cada vez más errático, incluso soez. Cada vez está más disperso en el escenario y el conjunto del espectáculo se va degradando a medida que se agota su energía y su capacidad de resistencia para afrontar giras de larga duración. Al coronel Parker las cosas tampoco le iban del todo bien. En los últimos tiempo su adicción al juego había aumentado hasta el punto de que en el casino del hotel le consideraban uno de los mejores clientes, lo que quería decir que perdía una vez tras otra, sobre todo a la ruleta, dejándose miles de dólares cada noche. Aquello fue resquebrajando aún más la relación entre el mánager y el cantante, cuyas diferencias venían de lejos aunque ninguno de los dos parecía poder prescindir del otro. Mientras, la vida personal de Presley hace aguas definitivamente.

Una ruptura anunciada

Los Presley se separaron el 23 de febrero de 1972, en medio de una tormenta de noticias sensacionalistas desatada después de que Priscilla diese a conocer públicamente la relación sentimental que mantenía con Mike Stone, su instructor de kárate, que le había recomendado su propio marido cuando lo conocieron cuatro años antes en Hawái. La separación fue de todo menos amistosa y la ya exesposa del cantante le confesaría a Joanie, la mujer de Joe Esposito, que Elvis la había forzado brutalmente a acostarse con él cuando se enteró de su relación con Stone. Al principio pareció que el divorcio tendría sólo un coste emocional

> ### TRISTE NAVIDAD
>
> Graceland vivió a finales de 1971 las navidades más tristes de su historia. Elvis y Priscilla llegaron cada uno por su cuenta, él con el peso sobre sus hombros de la demanda por paternidad de Patricia Ann Parker y el recuerdo de sus relaciones con Kathy Westmoreland y Barbara Leigh, y ella con la sombra de la sospecha de una relación extramatrimonial. El cantante aparentó que todo era normal e hizo lo de todos los años: ver la televisión, ir al cine, interpretar el papel de un generoso Papá Noel, colmar de regalos caros a todos sus amigos y familiares, y gastarles bromas como entregarles un sobre con un vale de 50 centavos en McDonalds, antes de entregarles otro repleto de billetes. Pero después de que Priscilla abandonase la casa antes de la celebración de fin de año, todo se desmoronó cuando Elvis anunció que le había dejado.

para el cantante, ya que Priscilla aceptó una cantidad de dinero simbólica por su divorcio, pero sus abogados la convencieron de que aumentase significativamente la demanda, que acabaría suponiéndole a Elvis alrededor de cien mil dólares. Pero sobre todo, la traumática separación significó el principio del fin para Presley. En noviembre de 2016 Priscilla rompió su tradicional discreción sobre su relación con el rey y manifestó al programa de entrevistas de la cadena británica ITV, Loose Women, que la auténtica razón de su divorcio fue el cansancio, el hastío vital al que había llegado tras seis años de matrimonio con alguien que la mantenía anulada, que la obligaba a vivir por delegación, soportando siempre sus manías y excentricidades. Insistiendo siempre en que la separación había sido amistosa, afirmó que para entonces él ya mantenía una relación con Lydia Thomson y que ella simplemente se cansó de vivir en una burbuja y trató de buscar su propio mundo.

Priscilla con Mike Stone.

A pesar de las declaraciones posteriores de Priscilla, oficialmente la relación entre Elvis y Linda Thompson comenzó en julio de 1972. Ella era Miss Tennessee y había sido invitada al Memphian Theatre de Memphis por el responsable de la discográfica RCA en la ciudad, conocedor de la debilidad del cantante por el sexo femenino. Inteligente y atractiva, Linda cautivó al Rey del Rock desde el primer momento y además se ganó el respeto y el cariño de su entorno personal. Su noviazgo comienza el mismo mes en que se formaliza la separación entre el cantante y su ex y después de la gira de primavera Elvis on Tour, con la que visitó once ciudades y que quedó recogida en un documental por el que obtuvo un Globo de Oro.

Elvis y Linda Thompson.

Profundamente abatido y sumido en la melancolía, siguió trabajando sin descanso y justo al final de la gira salió al mercado su decimoctavo álbum de estudio *He Touched Me*, un nuevo disco de góspel que le proporcionó su tercer premio Grammy. El 4 de agosto regresa a Las Vegas para cumplir su habitual compromiso de verano.

En septiembre de 1972, el coronel Parker, siempre dispuesto a aprovechar cualquier circunstancia para hacer sonar la caja registradora de su negocio, convocó una rueda de prensa en Las Vegas para anunciar la celebración de un concierto en Hawái, que sería retransmitido en directo a todo el mundo, en lo que el mánager calificó como «el primer programa de entretenimiento que se emitirá en vivo en todo el mundo». De alguna forma intencionada, Parker obviaba el programa *Our World*, de 1967, en el que The Beatles junto a un grupo amigos como Mick Jagger, Keith Richards, Eric Clapton, Keith Moon y Graham Nash, y artistas de 14 países, celebraron un concierto que se retransmitió en directo por televisión y tuvo una audiencia de 400 millones de personas. El espectáculo de Elvis, llamado *Aloha From Hawaii*, se celebró finalmente el 14 de enero de 1973 y marcó un hito en la historia de las retransmisiones televisivas, al ser emitido en más de 40

En el especial de televisión Aloha From Hawaii, de 1972.

países de Asia y Europa, con una audiencia estimada de mil quinientos millones de espectadores, superior a la de la llegada del hombre a la luna. Curiosamente no pudo verse en Estados Unidos por coincidir con la final de la Super Bowl de fútbol americano, y dos meses medio después se emitió una versión recortada del evento. Fruto de ese concierto fue *Aloha from Hawaii Via Satellite*, un álbum en directo con una portada bastante horrorosa que consiguió un éxito absoluto colocándose casi desde el primer momento en el primer puesto de las listas de ventas.

Ese mismo año Elvis mantuvo una relación sentimental con la actriz Cybill Shepherd, mundialmente famosa años más tarde por la serie televisiva *Moonlighting*, junto a Bruce Willis, y que por aquel entonces tenía veintitrés años y prácticamente acaba de protagonizar su primera película, *The Last Picture Show*. La propia Shepherd comentó en su autobiografía,

La actriz Cybill Shepherd.

Cybill Disobedience, que tras verla en la pantalla el cantante la llamó para pedirle una cita y que ella accedió fascinada por el hecho de cumplir un viejo sueño: conocer personalmente a la persona más popular de la ciudad en la que había nacido: Memphis. Ambos tuvieron un romance que duró un mes, en el que la actriz pasó de la fascinación al desencanto, a causa de su desencuentro sexual con el Rey del Rock, al que calificó como «sexualmente conservador, atrapado en un estúpido machismo», pero sobre todo porque se cansó de su adicción a los fármacos: «No podía soportar todo el asunto de las pastillas. Pastillas para ir a dormir. Pastillas para despertar. Creo que ese estilo de vida te limita».

A pesar del desordenado torbellino en que se ha convertido su vida, en julio lanza un nuevo disco, *Elvis*, su decimonoveno álbum de estudio, que también es conocido como *The Fool*, para diferenciarlo del LP que sacó al mercado en 1956 con el mismo título. Contiene doce canciones, grabadas en distintos momentos entre 1971 y 1972 e incluso una canción grabada en directo durante una de sus actuaciones en el Hotel Hilton de Las Vegas. Además de cantar y tocar la guitarra, Elvis interpreta al piano tres temas de este disco que vendió más de un millón de copias en todo el mundo y llegó al octavo puesto del *Billboard*. Tras este lanzamiento vuelve a los estudios de grabación de Stax Records, la discográfica de Memphis especialzada en soul, y a su propio domicilio en Palm Springs, California, para registrar entre los meses de julio y septiembre un nuevo disco, Raised on Rock, que saldrá al mercado en octubre con un subtítulo significativo; *For Ol' Times Sake* (*Por los viejos tiempos*). En esta ocasión el veterano rockero se acerca al sonido del soul, aunque también incluye versiones de country y pop, que en conjunto no obtuvieron unos resultados espectaculares, situándose en un discreto puesto 50 de la lista de los discos más vendidos. En noviembre de 1972 se estrena el documental *Elvis on Tour*, que recibe excelentes críticas y logra unos buenos resultados económicos, mientras Presley realiza una gira de conciertos por siete ciudades, el último en el Honolulu International Center Arena, de Hawái, donde a principios del siguiente año realizará un histórico especial televisivo retransmitido vía satélite.

Tras su divorcio de Priscilla, Elvis comienza a entrar en una progresiva fase de aislamiento y deterioro, convirtiéndose en una caricatura de sí mismo. Aunque protagonizó giras por Estados Unidos hasta 1974, cuando consigue su último premio Grammy, sus canciones han perdido toda la guerra y su presencia escénica se ha vuelto errática. Completamente enganchado a los tranquilizantes y drogas farmacéuticas, sus conciertos son cada vez más cortos y sus obsesiones y deterioro nervioso fueron en aumento hasta su muerte.

> «Fue duro para nosotros, pero no tanto como para Elvis. Eramos cuatro para compartir la carga. Él no tuvo a nadie con quien compartir a Elvis. Estaba solo.»
> **John Lennon**

MÁS DURA SERÁ LA CAÍDA

Su música y su personalidad, fusionando los estilos del country blanco y el rhythm and blues negro, cambiaron permanentemente el rostro de la cultura popular estadounidense.

El 18 de febrero de 1973 el escenario la sala de fiestas del Hotel Hilton de Las Vegas fue testigo de un hecho insólito en la carrera musical de Elvis, aunque no por ello completamente inesperado. Según el relato de Rex Martin, director de la publicación *Worldwide Elvis News Service Weekly*, en un momento de la actuación de Presley, una espectadora que se encontraba en un grupo bastante bullicioso se subió a la rampa que salía del escenario, se acercó al cantante y, sin llegar a tocarlo, cogió el pañuelo que llevaba al cuello, se lo puso en el suyo y regresó a su mesa para dárselo a uno de sus compañeros. El hecho extrañó tanto a los músicos como al resto de asistentes al concierto, pero nadie intervino porque era bastante habitual que las fans se acercasen a su ídolo para tocarlo y besarlo y, al fin y al cabo, ésta se había comportado comedidamente. Pero todo se precipitó cuando Elvis remató el tema «Suspicious Minds» con su clásica patada de kárate al aire. En ese momento dos individuos que acompañaban a la espectadora del pañuelo subieron al escenario con lo que al principio se interpretó como la intención de darle la mano y felicitarle, pero que inmediatamente adoptaron una actitud violenta. Elvis y el bajista Jerry Scheff se aprestaron a defenderse mientras Jerry Schilling, Red y Sonny West se abalanzaban a protegerlos, mientras dos compañeros de los agresores se sumaron a la trifulca. Tras unos momentos de confusión los cuatro individuos fueron reducidos  y expulsados pero nadie podía calmar a Elvis, ni siquiera su propio padre. Con una furia incontenible seguía retando a sus presuntos atacantes ante la mirada atónita del público que asistió estupefacto cuando el cantante hizo un lamentable intento de pedir excusas por el bochornoso espectáculo y dijo: «Lo siento, señoras y señores... siento no haberle roto el cuello a ese tipo».

El principio del fin

El incidente demostraba claramente que no sólo la imagen de Elvis se había deteriorado, sino que el público, o al menos una cierta parte del público, le había perdido el respeto y ya no le veían como la rutilante estrella que había sido, sino como un cantante que había conocido tiempos mejores y se había refugiado en Las Vegas a esperar el final de su carrera. Y de alguna forma, no les faltaba razón. El episodio era el colofón a unas semanas en las que Elvis había ido mostrando un deterioro progresivo a su regreso a Las Vegas para cerrar en febrero la temporada de galas, tal y como estaba acordado. Un mes después de su concierto mundial, *Aloha from Hawaii*, había perdido completamente la voz durante una de su actuaciones en el Hilton y tres días antes del incidente con los espectadores abandonó el escenario durante unos veinte minutos, y cuando regresó lo hizo para cantar un tema «Can't Help Falling In Love» y dar por terminado el *show* sin más explicaciones. A pesar de los esfuerzos de Tom Parker por tranquilizar a los dueños del hotel alegando que se trataba de un problema de salud pasajero, lo cierto es que el cantante había entrado en una espiral autodestructiva. Incapaz de asumir su divorcio, se obsesionó con Mike Stone, su antiguo entrenador de artes marciales y en aquel momento todavía pareja de Priscilla, al que responsabilizaba de todo sus males, desde haber orquestado la trifulca del Hilton, hasta querer robarle a su hija. Su odio llegó hasta el punto de pedirle a su amigo Red que buscase a un profesional para que lo matase. Presley se volvió cada vez más irascible y violento. En sus broncas con Linda destrozaba el mobiliario haciendo disparatadas demostraciones de sus golpes de kárate y su círculo personal evitaba contradecirle en lo más mínimo por temor a sus estallidos de cólera.

Cuando finalizó su temporada de galas decidió estirar su estancia en Las Vegas para ir a los conciertos de su antigua novia, Ann-Margret, mientras el coronel Parker seguía manejando sus negocios a su antojo y vendió definitivamente a la RCA todos los derechos sobre el uso del catálogo del cantante, por lo que desde entonces en adelante, la discográfica podría hacer lo que quisiese con su música a cambio de 5,4 millones de dólares, 2,8 millones para Presley y 2,6 para su representante. El 4 de abril se estrenó en Estados Unidos la aplazada transmisión del especial televisivo *Aloha from Hawaii*, con una audiencia excelente, un 57 por ciento de cuota de pantalla. Aunque los negocios parecían seguir yendo viento en popa, comenzaron a sonar las señales de alarma cuando en mayo tuvo que cancelar los últimos días de sus galas en el hotel Sahara Tahoe, donde sus actuaciones estuvieron muy por debajo del nivel esperado.

Los problemas con las pastillas eran cada día más notorios y en junio se produjo una crisis cuando estuvo al bode de la sobredosis

En verano la RCA apremió a Elvis para sacar un nuevo álbum y se preparó una sesión de grabación en los estudios de Stax Records en Memphis, donde Elvis se encontraba pasando unos días de vacaciones junto a su hija. Pero el cantante seguía sin estar en un buen momento. El primer día no se presentó y el segundo llegó tarde y la sesión fue un desastre. Las cosas no mejoraron en los siguientes días y el 6 de agosto estaba de regreso en Las Vegas para estrenar una nueva temporada. Las críticas fueron demoledoras, no sólo por su imagen con una evidente obesidad y por su nulo compromiso con el espectáculo. Para acabar de redondear el desastre, en su concierto de despedida empezó a improvisar letras desagradables sobre sus canciones de siempre, con una absoluta falta de respeto hacia el público. La noche acabó con una fiesta en la *suite* de Elvis a la que acudió Tom Jones, pero antes el coronel Parker y y su representado había tenido una discusión a gritos en el camerino, que fue la comidilla de todos los invitados.

AL BORDE DE LA RUPTURA

Tras la fiesta de despedida de sus desastrosas galas de verano en el Hilton de Las Vegas, Presley y el coronel Parker tuvieron una reunión a cara de perro en la que se acusaron mutuamente de la catastrófica situación que estaba atravesando la carrera del cantante. Elvis perdió los nervios y pronunció la fatídica frase: «Estás despedido», a lo que el coronel replicó con otra igual de lapidaria: «No puedes despedirme. Me voy» a la que añadió algo que los colocaba al borde de la crisis definitiva: «Si quieres que me vaya, tendrás que pagarme lo que me debes». Tom Parker cifraba esa deuda en dos millones de dólares. Elvis y su padre se vieron atrapados porque no podían comprarle su contrato al representante, así que tras unos de días de intercambio de insultos y amenazas, ambas partes decidieron olvidar el asunto y actuar como si nada hubiera sucedido.

El 9 de octubre de 1973 se dicta la sentencia definitiva sobre el divorcio de Elvis y Priscilla, lo que significa un nuevo mazazo para la vanidad y el equilibro mental del cantante. Aunque en principio ella había aceptado un arreglo económico por cien mil dólares, después de abrir una tienda de moda en Beverly Hills y sufrir las complejidades del mundo de los negocios, había decidido que necesitaba más y había cambiado de idea. Al final él pagaría 725.000 dólares más varias mensualidades de cuatro mil a su hija y a la madre y un porcentaje de los beneficios de sus empresas. A pesar de todo, el encuentro en los juzgados de Santa Mónica fue sumamente amistoso y ambos fueron fotografiados por la prensa cogidos de la mano. El contraste era evidente: el cantante estaba hinchado y abotargado y su ex lucía elegante y esplendorosa. Una semana después, Elvis fue hospitalizado a causa de una grave crisis provocada por las inyecciones de Demerol que se ponía a diario, unidas a grandes dosis de pastillas. Tras varios días en un estado semicomatoso, en los que Linda no se separó de su lado, Elvis comenzó a mejorar, justo a tiempo para enterarse de que el coronel Parker seguía firmando nuevos contratos para galas y conciertos. Pero la recuperación de Elvis estaba sujeta a sus propios caprichos y el doctor Nick era incapaz de controlarle las comidas, que seguían siendo una oda al colesterol, ni las pastillas que ingería, a pesar de que el médico pasaba la mayor parte del día al lado de su paciente, lo que estrechó todavía más lo vínculos entre ambos. A pesar de todo fue una época de descanso para Presley, la primera desde hacía años. Su relación con Linda pasó por sus mejores momentos y también mejoró el trato cotidiano con su padre y su entorno de amigos. En diciembre volvió a los estudios de grabación de Stax, en Memphis, para grabar dos temas: «Good Times» y «Promised Land», un tema original de Chuck Berry que se colocaría en el decimocuarto puesto del *Billboard Hot 100*.

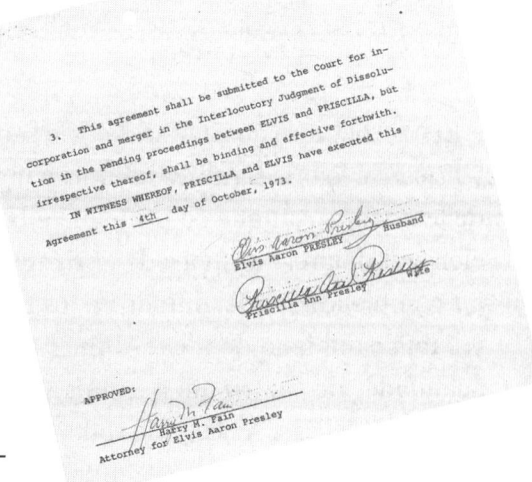

En busca del cariño perdido

Tras unas navidades tranquilas, el 26 de enero estaba lo suficientemente recuperado para volver a Las Vegas, aunque con las actuaciones reducidas a dos semanas. Aparentemente todo iba bien, aunque el cantante estaba cada vez irascible y en ocasiones la emprendía a golpes de kárate con el mobiliario de su *suite* del Hotel Hilton, y en alguna ocasión había exhibido una pistola e incluso le había disparado a un aparato de televisión. En esta época Elvis comenzó a buscar consuelo en las compañías femeninas al margen de Linda. Una de ellas fue la actriz Peggy Lipton, un icono de la era *hippie* que en aquel momento gozaba de una considerable popularidad por su participación en *The Mod Squad*, una serie policíaca televisiva de tintes contraculturales. En sus memorias, tituladas *Breathing Out,* Lipton cuenta que mantuvo varios encuentros con el Rey del Rock, pero califica la relación como decepcionante, ya que el cantante estaba más interesado en el kárate y la comida que en ella y afirma textualmente: «No se sentía como un hombre a mi lado, sino más bien como un niño que nunca había madurado». Por su parte, la novia de Elvis también tenía otros amantes, pero le gustaba estar con él y era de las pocas personas que conseguía sosegarlo en aquella época.

En marzo realiza una gira por varios estados del Sur, siempre acompañado por el omnipresente doctor Nick y sus maletines cargados de fármacos. Tras una parada en Memphis para hacer un breve descanso y de paso grabar el álbum en directo *Elvis Recorded Live On Stage in Memphis*, realiza una pequeña gira por California en la que su ánimo y el de su equipo dejan bastante que desear, como demuestra la paliza que algunos amigos del cantante le pegaron a un individuo borracho que se presentó ante la *suite* de Elvis. Mientras tanto, las ventas de discos seguían descendiendo y lo único que producía ganancias eran las giras, aunque era eso lo que ponía a prueba la resistencia de Presley. Por si fuera poco, el

Peggy Lipton, un icono de la era *hippie*.

> ### EL PEOR DISCO DE ELVIS
>
> En agosto de 1974, Boxcar Records, una discográfica de fortuna del entramado empresarial de Presley, editó *Have Fun with Elvis on Stage*, un álbum de spoken word, sin música, sólo con comentarios y bromas de Elvis. En contra de lo que prometía su título, el disco era de todo menos divertido y se reducía a una perorata inconexa del cantante, que tararea y suelta parrafadas montadas sin pies ni cabeza. El disparate era una idea del coronel Parker que pretendía hacer negocio al margen de la RCA, editando un disco sin música para vender en los conciertos entre los fans del cantante y llevarse el cien por cien de las ganancias. Pero al final el tiro le salió por la culata, ya que la discográfica hizo prevalecer sus derechos y acabó etiquetando el disco con su marca. No sólo fue calificado como la peor grabación de Elvis, sino que algunos lo consideran incluso la peor de la historia del rock. A pesar de que Presley aborrecía el disco y se cansó de pedir que lo retirasen del mercado, la RCA lo reeditó poco después de su muerte.
>
>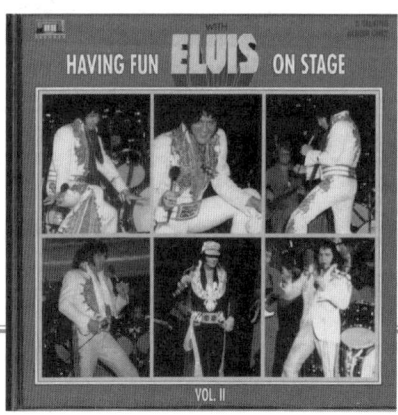

asunto de los conciertos fuera de Estados Unidos, o más bien, las negativas del coronel Parker a realizarlos, llevaron al límite las relaciones entre representante y representado. El único refugio que le quedaba a la estrella del rock era el kárate y a él se entregó en cuerpo y alma con sus dos entrenadores personales, Ed Parker y Kang Rhee. Llegó a ser una verdadera obsesión, incluso hablaba de kárate durante sus actuaciones en Las Vegas y proyectó un documental sobre ese tema con Parker; a tal fin, llegó a crear un equipo de profesionales. Todo eso salía de los bolsillos del cantante, cada vez menos capaz de cuidar de sus negocios, algo que había sido su divisa tiempo atrás, mientras el núcleo de vividores que se aprovechaban de ello aumentaba día a día. Todo lo que rodeaba a Elvis se desmoronaba. Su padre se había separado de Dee Stanley, con quien llevaba casado catorce años, y se había liado con una mujer mucho más joven que él, su propia relación con Linda hacía aguas y hasta la voz comenzó a fallarle en las grabaciones, que cada vez era más esperpénticas. En el colmo del desatino, se llegó a editar un álbum sin música, sólo con comentarios y bromas del cantante, montados sin cohesión ni sentido ninguno y que, con toda justicia, ha sido catalogado como el peor álbum de Elvis Presley.

Entre gira y gira, Elvis se refugia en Graceland, sumergido en una nebulosa de barbitúricos, libros sobre religión y elucubraciones sobre nuevas y cada vez más fantasiosas puestas en escena, a la espera de una nueva temporada en Las Vegas. En una de esas estancias conoció a una sustituta temporal de Linda Thompson, una joven llamada Sheila Ryan que había sido portada de la revista *Playboy* el año anterior y que, a pesar de sus veintiún años, demostraba ser más madura que la estrella del rock que tanto admiraba, a tenor de sus palabras recogidas en la biografía de Peter Guralnick, *Amores que matan*: «Lo que más le gustaba a Elvis eran las caricias, los besos. ¿Sabes? Como en el instituto, donde te besuqueas y te tocas a todas horas, pues él prefería eso. Había mucho más de eso que de cualquier otra cosa. Era algo como muy adolescente, hasta que, de pronto, te graduabas de madre. Entonces esperaba que lo cuidaras, y ése era básicamente el papel». En el escenario su actitud es cada vez más errática, con tendencia a perderse en monólogos interminables y sorprendentes salidas de tono, aludiendo a situaciones personales y familiares que desconciertan a un público que sigue acudiendo fielmente, pero que cada vez se siente más decepcionado con el personaje que ha sustituido al mito de tiempos anteriores. Por su parte, el coronel Parker intenta por todos los medios mantener en funcionamiento la máquina de hacer dinero, mientras la salud física y mental de su representado se deteriora cada vez más rápido.

Los cuarenta y cuesta abajo

El 8 de enero de 1975 Elvis cumple cuarenta años pero tiene pocos motivos de celebración. Según recoge Guralnick en su libro, hacía poco que un periódico había saludado su onomástica con un contundente: «Elvis a los cuarenta. Barrigón, deprimido y atemorizado». Puede parecer cruel, pero describe muy gráficamente el estado del cantante. Durante las navidades en Graceland había caído en una profunda depresión y a finales de enero había sido hospitalizado con un problema hepático, pero el coronel Parker logró arrastrarle a los estudios para volver a grabar una semana antes de su regreso a Las Vegas para la temporada de invierno: la RCA reclamaba un disco nuevo, sobre todo un disco que funcionase en las ventas, y Elvis no parecía estar en condiciones de proporcionárselo.

Elvis en su última etapa en Las Vegas, y la actriz Barbra Streissand.

A pesar de estar completamente fuera de forma y de montar un espectáculo que entraba de lleno en la bufonada, los conciertos del Hilton volvieron a funcionar a las mil maravillas, y el 28 de marzo de 1975 Elvis tuvo la oportunidad de volver al cine por la puerta grande, cosa que en aquel momento de declive hubiese podido ser su tabla de salvación, pero el inefable Tom Parker dio al traste con la operación. Presley actuaba en uno de sus habituales *shows* del Hilton, en Las Vegas, y entre los espectadores se encontraba Barbra Streissand, quien por aquellos días disfrutaba del éxito de uno de sus discos más aclamados en los setenta, *Lazy Afternoon*. Al final de la actuación la actriz se dirige al camerino del Rey del Rock para hacerle una inesperada propuesta: el papel de coprotagonista en su próxima película, *A Star Is Born* (Ha nacido una estrella), lo que despertó el entusiasmo de Elvis. Pero la avaricia de su mánager lo echaría todo a perder, tal como recuerda el *disc-jockey* y amigo del cantante, George Klein: «El coronel Parker no vio las posibilidades a largo plazo y sólo se preocupaba por el dinero que entraba en ese momento. Nunca se preocupó por conseguir guiones decentes, ni exigió buenos actores para que acompañaran a Elvis. Cuando Barbra Streissand le propuso que actuara junto a ella en la versión de *A Star Is Born*, Elvis se ilusionó mucho. [...] Recuerdo que leyó el guion y le dijo a Barbra que hablara con su mánager. Gran error por su parte. El coronel Parker se puso exigente y le soltó: "Queremos un millón de dólares por adelantado, el 50% de los derechos de la película, la misma posición en los títulos de crédito y un gran director". Ella le respondió que no podía ofrecerle todo eso que pedía porque también era una estrella. Así que el coronel se cerró en banda y dijo que Elvis no participaría en la película».

Presley cerrará 1975 con un balance completamente desequilibrado, sus discos venden cada vez menos, los periódicos se mofan de su esperpéntica imagen, cada vez es menos capaz de soportar el esfuerzo de las giras y se aguanta básicamente a base del cóctel permanente de fármacos que le suministra el doctor Nick. Llegó a interrumpir su temporada de verano en Las Vegas para someterse a una operación de cirugía estética en el contorno de los ojos, cansado de las burlas sobre su aspecto. Encerrado en sí mismo, sigue comportándose como un adolescente caprichoso y a principios de noviembre realiza con su hija Lisa Marie el primer vuelo en el jet privado que se compró en primavera y que ha bautizado con el nombre de la niña. Además, a lo largo de ese años ha regalado a su círculo próximo 14 Cadillacs y un avión para el coronel Parker, que éste acabó rechazando. A pesar de

> **NI DULCE, NI INSPIRADO**
>
> Uno de los incidentes más desagradables protagonizados por Elvis en el último tramo de su carrera fue el del concierto de Norfolk, Virginia, el 20 de julio de 1975, cuando humilló públicamente a su coro, las Sweet Inspirations, y en especial a Kathy Westmoreland, que había sido su novia durante una larga temporada, con unos comentarios sobre su supuesta promiscuidad sexual y luego, ante el estupor del público, profirió una serie de groserías y las amenazó con «patearles el trasero» y otras lindezas por el estilo, lo que acabó provocando el abandono del escenario de dos de las componentes y el abandono definitivo como acompañante de Elvis de Westmoreland.

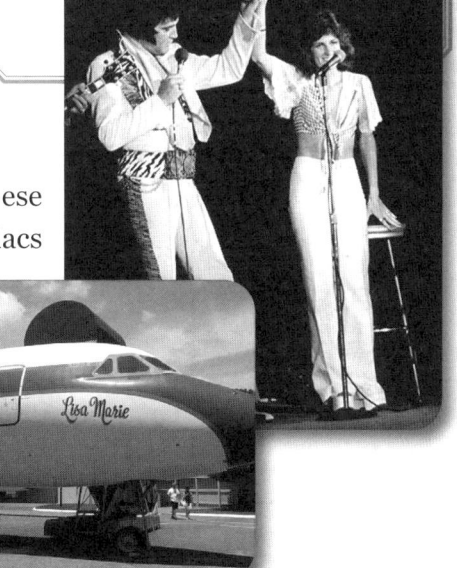

todos los problemas de sus actuaciones en directo, despide el año con un concierto especial de Nochevieja en Pontiac, Michigan, en el que establece un nuevo récord de asistencia, con 62.500 espectadores.

El declive imparable

En febrero de 1976, mientras todo el país asiste con preocupación a los incidentes raciales en la Escuela Secundaria Escambia, de Pensacola, Florida, en los que resultaron heridos 30 estudiantes, Elvis se encierra en su estudio de grabación de Graceland para grabar las canciones de su próximo álbum, *From Elvis Presley Boulevard, Memphis, Tennessee*, y algunas más destinadas al siguiente, *Moody Blue*. La grabación estuvo plagada de excentricidades: desde presentarse vestido con uniforme de policía, a explicarles a los músicos y miembros del equipo de grabación sus planes para acabar con el tráfico de drogas en Memphis, pero al final los resultados fueron aceptables. Su adicción a las drogas iba aumentando a la par que sus problemas financieros, así que tuvo que embarcarse en una sucesión de giras que ocuparon prácticamente todo el año. Los espectáculos se llenaron noche tras noche, pero los directos del cantante eran cada vez más penosos. Había perdido toda la energía, apenas se movía por el escenario y en muchas ocasiones se le olvidaban las letras de las canciones. Sus discursos eran cada vez más largos y farragosos, aunque a veces caía en minutos de silencio que crispaban los nervios de los músicos de la banda y exasperaban al público, que se iba volviendo cada vez menos indulgente. Por si fuera poco, empezó a enfrentarse a Red y Sonny West, al doctor Nick y al resto de su círculo personal, de quienes comenzó a desconfiar culpándolos de todos sus problemas, especialmente los financieros. A principios de julio Sonny y Red fueron despedidos, a través de Vernon Presley, y otro tanto le sucedió a Dave Hebler, uno de sus instructores de kárate. Sin embargo, Larry Geller, su antiguo gurú espiritual fue llamado de nuevo para formar parte del círculo íntimo y un poco después Elvis reclamó otra vez la presencia del doctor Nick, de quien se había distanciado en los últimos tiempos. Linda Thompson, la mujer que le había acompañado y soportado desde 1972, también acabó saliendo de la vida de Elvis a principios de noviembre. Será sustituida por Ginger Alden, una muchacha de veinte años que había seguido sus conciertos en Memphis desde que era una niña, y que se convertiría en su novia hasta el día de su muerte.

Con Ginger Alden, su última novia.

A finales de septiembre Presley se enteró de que sus antiguos amigos, guardaespaldas y chicos para todo, Sonny, Red y Hebler, estaban planificando con Steve Dunleavy, un redactor de la revista *The Star*, la publicación de un libro sobre su vida privada que amenazaba con ser un escandaloso ajuste de cuentas. Intentó evitarlo por todos los medios: pensó en intimidarlos, les amenazó con demandarlos y les ofreció dinero, hasta 50.000 dólares por cabeza, pero ellos siguieron firmes en su intenciones, dolidos por el trato que les había dispensado al final de su relación. Por fin, a mediados de octubre habló con Red por teléfono para intentar explicarle que su decisión de despedirlos se había debido a un cúmulo de aciagas circunstancias, desde la enfermedad de su padre, Vernon, hasta la mala marcha de los negocios, e incluso se disculpó por no haberlo invitado a su boda, pero no logró un acercamiento real y tras un intercambio de reproches, la conversación quedó en nada. En la primera semana de diciembre acudió a su cita habitual en el Hilton de Las Vegas para actuar por última vez. Su actuación entró de lleno en el patetismo. Interrumpió conciertos, lanzó exabruptos desde el escenario y se quejó amargamente de las, según él, lamentables condiciones del equipo técnico. Su salud era tan calamitosa que incluso tuvo que ser ingresado de urgencia tras un desmayo.

En enero de 1977 la sesión de grabación que Elvis tenía prevista en Nashville tuvo que ser anulada a causa de su mal estado de salud y de la negativa a acompañarlo de su novia Ginger, de la que se mostraba cada vez más dependiente. El malestar de la discográfica y de su equipo era cada vez mayor y la prensa comenzó a hacerse eco de sus problemas para grabar un nuevo disco, pero él seguía ajeno a todo, inmerso en su universo particular. El 26 de enero pidió matrimonio a Ginger con un espectacular anillo en el que su joyero, Hays, engarzó el propio diamante que habitualmente lucía Presley. En febrero volvió a la carretera y realizó una  gira por Tennessee y Carolina del Norte y a principios de marzo se llevó a su novia de vacaciones a Hawái, pero antes redactó un testamento en el que nombraba a Lisa Marie su heredera universal y a su padre Vernon, su albacea. El 23 de marzo inicia su segunda gira del año en un estado de salud tan lamentable que el día 1 de abril tiene que ser hospitalizado de nuevo. Mientras el coronel Parker trata de dar excusas a los programadores de los conciertos cancelados, Elvis sigue deslizándose cuesta abajo, enfrascado en eternas discusiones con Ginger e ingiriendo cantidades insólitas de fármacos y comida basura.

> ## UNA DIETA LETAL
>
>
>
> Desde muy joven, los hábitos alimenticios de Presley eran caprichosos, lo más alejado de una dieta sana que uno se pueda imaginar, pero en sus últimos años llevó su devoción por las calorías, las toxinas y el colesterol a extremos suicidas. Y no se trataba sólo de la calidad de los alimentos, sino también de su cantidad. Llegó a consumir más de diez mil calorías diarias, cinco veces más de lo recomendado por la Organización Mundial de la Salud, pero en ocasiones llegó a la desorbitada cifra de 20.000. Sólo el el Fool's Gold Loaf, su sándwich preferido, acumulaba ya ocho mil calorías y estaba hecho con dos enormes rebanadas de pan, más de cien gramos de mantequilla de cacahuete, otro tanto de mermelada de arándanos y varias lonchas de bacon. Uno de sus desayunos habituales consistía en una tortilla de no menos de cuatro huevos fritos con mantequilla, con bacon y una docena de muffins, todo recubierto con abundante salsa. A eso hay que sumarle su afición a las hamburguesas gigantes, el pudín de plátano, el pan de maíz, los sándwiches de plátano frito con bacon y tres litros de refrescos azucarados diarios. Su dieta era una bomba de relojería destinada a estallar inevitablemente. Su peso al morir rondaba los 160 kilos..

El 21 de abril inicia una nueva gira en la que sigue ensimismado y prácticamente ajeno a lo que le rodea hasta que un periódico de Nashville publicó la noticia de que el coronel Parker planeaba vender su contrato. La noticia no era cierta y el representante de Elvis reaccionó airado pero el cantante, conocedor de la catastrófica situación económica de Tom Parker debido a su afición al juego, la dio por buena. La gira finalizó en medio de continuas improvisaciones y ausencias de Presley y a principios de junio salió al mercado el *single* «Way Down» que se convertiría en el último que lanzaría estando vivo y que llegaría al decimoctavo puesto de las listas tras su fallecimiento.

El 21 de junio el público que abarrota el auditorio de Rapid City, en Dakota del Sur, asiste sin saberlo a un hecho histórico: la despedida musical del Rey del Rock. En mitad de su actuación se detuvo y dijo: «Este tema que acabó de grabar es una vieja canción llamada 'Unchained Melody'. Voy a tocar el piano, así que les pido unos minutos», y a continuación interpretó la canción compuesta por Alex North y Hy Zaret en 1965 y que habían popularizado los Righteous Brothers. Como si fuese un mensaje premonitorio y en medio de un silencio sepulcral, Elvis comenzó a cantar: «Los ríos solitarios fluyen hasta el mar / Hacia los brazos abiertos del mar / Los ríos solitarios lloran / Espérame, estoy yendo a casa. ¡Espérame!».

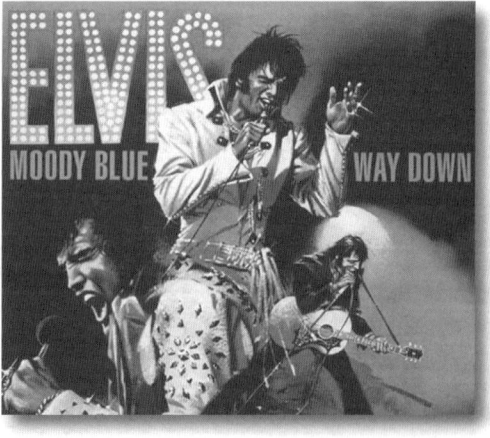

Un mes después, mientras descansa en Graceland para preparar una nueva gira, se publica el álbum *Moody Blue*, que venderá más de dos millones de copias tras su muerte. Pero en esos días no le presta atención ni a sus discos ni a su futuros compromisos musicales, lo que acapara su atención es el libro *Elvis: What Happened*, en el que Red y Sonny West airean todas sus intimidades y que se está publicando en Inglaterra y Australia. Presley se hallaba en un estado de desorientación tal que apenas era dueño de sus actos y era capaz de cualquier disparate, como el de llamar al propio presidente de los Estados Unidos con la excusa más peregrina, tal y como publicó en 1997 la revista *The New Yorker* al recoger unas revelaciones del ex presidente Jimmy Carter en las que afirmaba haber recibido una llamada del cantante en el verano de 1977, en la que le pedía que otorgara el perdón a un *sheriff* amigo suyo que tenía problemas con la ley. El presidente tuvo problemas para entenderlo, ya que, según aseguró: «Estaba completamente drogado y no sabía lo que decía. Sus frases eran incoherentes».

Triste y solitario final

Elvis estaba cada vez más solo y aislado, apenas salía de sus habitaciones. Ginger seguía sin querer trasladarse a vivir permanentemente con él y su personal de seguridad y las personas que componían el servicio doméstico eran prácticamente unos desconocidos desde que había despedido a la llamada mafia de Graceland. Entretanto, los primeros ejemplares de *Elvis: What Happened?* habían comenzado a llegar a las librerías de Estados Unidos y la prensa, especialmente la sensacionalista, comenzaba a cebarse con las escandalosas revelaciones de sus antiguos amigos. Ni siquiera la presencia esporádica de su hija Lisa, una niña que lógicamente ansiaba escapar del ambiente opresivo que rodeaba a su padre, lograba consolarlo en su melancolía. La soledad se había convertido en una losa que le impedía respirar.

El 16 de agosto de 1977 a medianoche, Elvis regresa a Graceland después de una visita nocturna al dentista para hacerse una limpieza bucal. Presa del insomnio, se dedica a matar el tiempo discutiendo con Ginger los detalles de la próxima gira en la que insistía que su novia le acompañara a pesar de las reticencias de la chica. Incluso dedicó un rato a jugar al raquetbol, un deporte similar al frontón, hasta que tuvo que desistir a causa de la llovizna. Finalmente, cuando comenzaba a amanecer, tras ingerir tres preparados farmacéuticos del doctor Nick, le dijo a a su novia que antes de irse a la cama pasaría un rato leyendo en el cuarto de baño. Cuando Ginger se despertó hacia las dos de la tarde descubrió que Elvis todavía no había ido a la cama y se levantó, habló con su madre por teléfono y al final fue a buscarlo a su baño personal. Allí se encontró el cuerpo de la mayor estrella del rock de todos los tiempos tumbado en el suelo con un libro a su lado. Pronto acudieron todos los habitantes de la casa, incluido Vernon, que comenzó a llorar desconsoladamente, igual que hacía la pequeña Lisa Marie hecha un ovillo en un rincón. En medio de la confusión llegó una ambulancia y cuando sacaban al cantante de la casa llegó el doctor Nick, que acompañó a la comitiva hasta el hospital, donde lo único que pudieron hacer fue certificar el fallecimiento. A media tarde se anuncia que Elvis Aaron Presley ha fallecido a causa de una insuficiencia cardíaca. En pocas horas la noticia llega hasta el último rincón del planeta.

En ese momento nació una de las teorías más conspiranoicas de la historia de la música moderna, lo cual es mucho decir, ya que si de algo está sobrada la historia de la música popular en el siglo XX es precisamente de leyendas, teorías de la conspiración y delirantes fantasías sobre la desaparición de los grandes mitos. Según unos todo fue un montaje del propio artista para desaparecer de la vida pública y retirarse a vivir en algún lugar paradisíaco, según otros se convirtió en un testigo protegido del FBI tras ayudar a descubrir a un importante grupo mafioso, y hay incluso quien afirma que sigue en Memphis y que cada año se pasea entre los fans que acuden a celebrar el día de su homenaje, disfrazado de sí mismo. Motivo de un sinfín de especulaciones ha sido también desde entonces la causa del fallecimiento. Para cuando el investigador médico llegó a Graceland, el personal de confianza de Presley había hecho desaparecer todas las drogas farmacológicas y cualquier otro rastro que pudiera evidenciar sus adicciones. Más tarde se afirmaría que el doctor Nick le había recetado más de 8 mil pastillas en el último año de vida, aunque él se defendió aseguran-

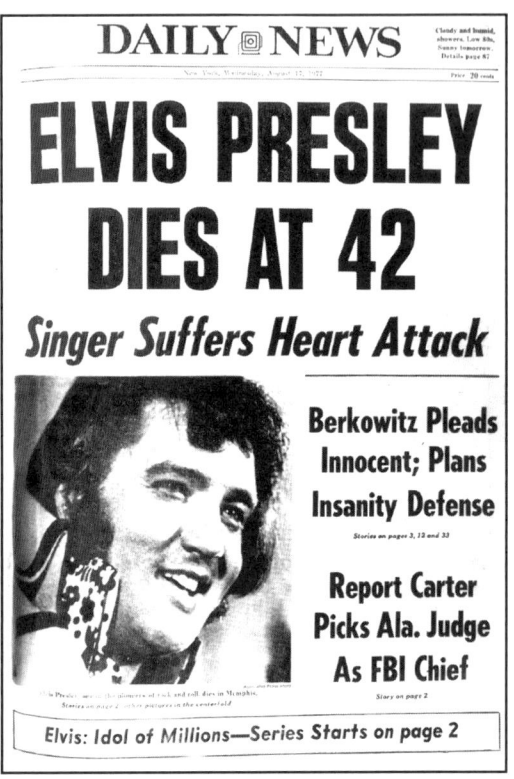

do que no eran sólo para el cantante, sino para todos los miembros de su equipo y el resto de la familia. El doctor Jerry Francisco, examinador médico del condado de Shelby, afirmó en una apresurada rueda de prensa que la causa de la muerte era «una arritmia cardíaca causada por una pulsación irregular» y ésa fue la versión que se mantuvo, a pesar de que un informe de los patólogos del hospital elaboraron un informe inicial, archivado bajo el nombre falso de Ethel Moore, en el que se revelaba que en el cuerpo del cantante se encontraron restos de 14 medicamentos distintos. 10 de ellos en dosis desorbitadas. Por expreso deseo de su padre, los resultados de la autopsia realizada al cadáver del cantante, que se llevó como un asunto privado al margen de la fiscalía, no se harán públicos hasta el año 2027, aunque eso poco importa a los que siguen empeñados en elucubrar con su muerte.

Una despedida digna de un rey

También en esas primeras horas comenzó una patética competición para ver quién sacaba tajada de la muerte de la estrella. Los medios sensacionalistas buscaron sacar tajada de su círculo más próximo y lo consiguieron al menos en dos casos. Uno fue el de su primo, Billy Mann, a quien le pagaron 18.000 dólares por la foto que sacó a escondidas del cuerpo de Elvis en el ataúd durante su funeral, que fue publicada por el tabloide *National Enquirer*, logrando así el número más

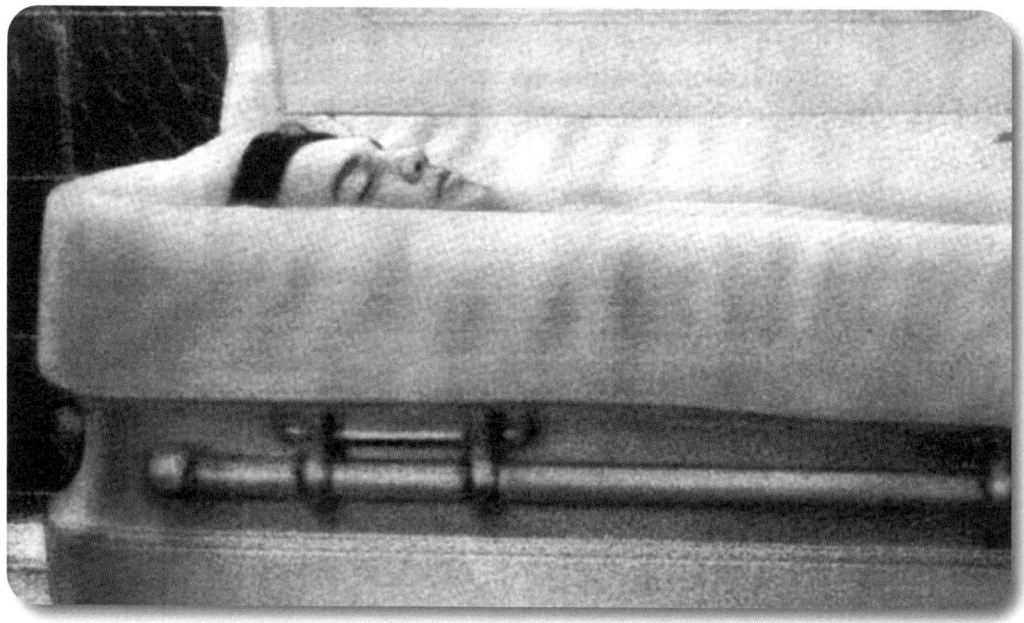

vendido en toda su historia. El otro caso de rapiña funeraria fue el de su novia, Ginger Alden, quien se puso en contacto con esa misma publicación para ofrecer su versión de la muerte de Presley a cambio de 100.000 dólares, pero la avaricia la perdió, ya que realizó unas declaraciones a otro medio y dio al traste con la exclusiva del *Enquirer*, que se negó a pagarle. El óbito del cantante también le vino como anillo al dedo a los autores del libro *Elvis What Happened?*, que hasta entonces había tenido unas ventas más bien discretas y que a partir de aquel momento se convirtió en un auténtico *best seller*, vendiendo casi cuatro millones de copias.

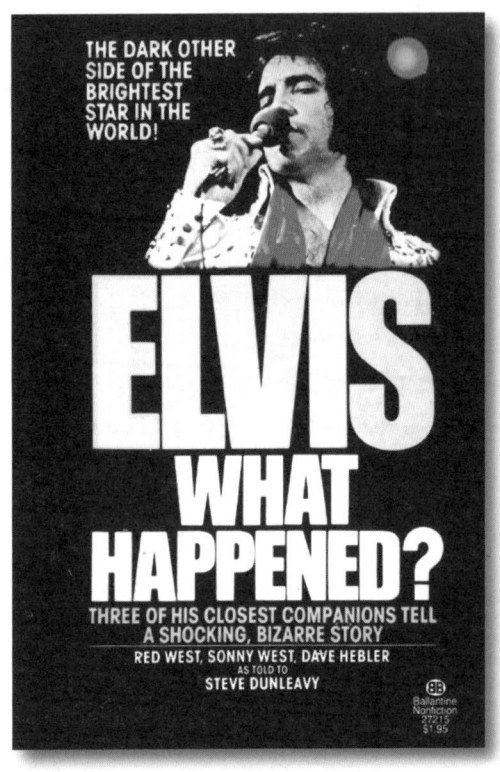

Pero en líneas generales la muerte de Elvis supuso una conmoción generalizada, no sólo en los Estados Unidos sino también en la mayor parte del mundo. Con él desaparecía una figura fundamental del rock & roll y una estrella de talla universal, y se eclipsaba uno de los mayores iconos de la cultura popular generada en el siglo xx. Al conocer su fallecimiento, el presidente del país Jimmy Carter, a pesar de que en privado consideraba que el cantante no se encontraba muy lúcido en sus últimos días, le despidió con unas declaraciones en las que le mostraba como un ejemplo del verdadero espíritu norteamericano: «La muerte de Elvis Presley priva a nuestro país de una parte de sí mismo. Era único, insustituible. Hace más de veinte años irrumpió en escena con un impacto sin precedentes y probablemente nunca será igualado. Su música y su personalidad, fusionando los estilos del country blanco y el rhythm and blues negro, cambiaron permanentemente el rostro de la cultura popular estadounidense. Fue un símbolo para la gente de todo el mundo de la vitalidad, la rebeldía y el buen humor de este país».

El 18 de agosto se celebró el funeral de Elvis en Graceland, por expreso deseo de su padre, que también decidió que los fans del cantante pudiesen desfilar ante

Multitud de fans a las puertas de Graceland para despedir e Elvis.

su féretro, exactamente igual al de su madre, para darle el último adiós. Unas ochenta mil personas esperaban en la puerta de la mansión, pero a las tres horas hubo que cerrar la capilla ardiente a cusa del intenso calor que aceleraba la descomposición del cadáver. Un cortejo fúnebre compuesto por 14 Cadillacs blancos recorrió el bulevar que lleva su nombre ante el respetuoso silencio de una multitud que recordada a la que había despedido a dos hombres a los que el cantante admiraba profundamente: John Fitzgerald Kennedy, cuya hija acudió a presentar sus respetos, y Martin Luther King. El funeral fue oficiado por el reverendo Bradley, los Statesmen, Kathy Westmoreland, J. D. Sumner y los Stamps; se cantaron algunos de los himnos favoritos de Presley y finalmente fue enterrado en

El cortejo fúnebre, compuesto por 14 Cadillacs blancos.

el cementerio de Forest Hill, al lado de su madre. El 2 de octubre, tras el fallido intento de robar el cadáver del cantante, los restos de ambos fueron trasladados al Jardín de la Meditación de Graceland, donde desde entonces Elvis Presley recibe la vista de cientos de miles de aficionados cada año.

«Sólo se pasa por esta vida una vez. No se vuelve para hacer un bis.»

Elvis Presley

Elvis fue el espejo en el que se miraron los chavales de los primeros tiempos del rock 'n' roll y se convencieron de que también podrían ser estrellas de aquella música que convulsionaba el mundo. Otros cambiaron al escucharlo, como Eddie Cochran o Buddy Holly, que pasaron del country al rockabilly. Su influencia se ha extendido durante décadas y ha alcanzado a distintas generaciones, desde Bob Dylan hasta Bruce Springsteen o Lana del Rey. Durante casi setenta años, en todo el planeta, miles de jóvenes se convirtieron en réplicas del Rey del Rock.

> «Haz algo que valga la pena y sea recordado.»
> **Elvis Presley**

A SU IMAGEN Y SEMEJANZA

> Pocos han osado utilizar como nombre artístico el del Rey del Rock y mucho menos hacerlo en serio.

La madrugada del 30 de abril de 1976, Bruce Springsteen, The Boss, El Jefe, un declarado admirador del rey desde su infancia, decidió demostrar su veneración a The King, El Rey, de la forma más disparatada y vehemente posible, con un estrafalario intento de allanamiento de morada. El músico de New Jersey tenía veintiséis años y se encontraba en Memphis en una parada de la gira conocida como The Chicken Scratch Tour, a causa de los kilométricos saltos que daba de ciudad en ciudad, como si no siguiese una ruta planificada. Después del concierto, Springsteen y su compañero de la E-Street Band, Steve Van Zandt, inspirados por las necesarias dosis de alcohol, decidieron pasar por Graceland para presentarle sus respetos a Elvis. A eso de las tres de la mañana se subieron a un taxi y se presentaron ante la mansión del 3764 del Elvis Presley Boulevard. Lo que sucedió a continuación ha sido contado por el propio Bruce con diversas variantes, pero en general el resumen es que había luces encendidas en la casa y, presa de un entusiasmo incontrolado, saltó la verja y corrió hacia la puerta de entrada de la vivienda, pero antes de que pudiera tocar el timbre fue interceptado por el servicio de seguridad. Explicó como pudo quién era y cuál era el objeto de aquella inusitada visita. A pesar de extenderse en explicaciones sobre su figura como músico de éxito que había salido en las portadas de revistas como *Newsweek*, los encargados de proteger a Elvis le explicaron que éste se encontraba actuando en Lake Tahoe, en las montañas de Sierra Nevada, California, y lo acompañaron amablemente hasta la puerta, pensando quizá, que se trataba de otro chiflado más, de los muchos que habitualmente recurrían a los métodos más absurdos para acercarse a su ídolo.

Elvis se convirtió en un referente para Springsteen desde que, a los siete años, lo vio actuar en el *Ed Sullivan Show* y como otros miles de chavales de mediados de los años cincuenta se enganchó completamente al rock and roll. En su caso, aquella epifanía le llevaría a convertirse en una de las grandes figuras del rock que siempre demostró su admiración por el hombre que le inspiró: «Ha habido muchos tipos duros. Ha habido pretendientes. Y ha habido contendientes. Pero sólo hay un rey». En 1977, año de la muerte de Elvis, escribe una canción de homenaje, «Fire», que grabaría al año siguiente aunque no sería incluida en un disco hasta 1986, en un disco grabado en directo en San Francisco en 1978. Quienes sí grabaron este tema, colocándolo en lo más alto del *Billboard*, fueron Pointer Sisters, una banda californiana de soul, y el rockero Robert Gordon. A lo largo de su carrera Springsteen ha homenajeado reiteradamente al Rey del Rock en sus conciertos, interpretando temas como «Burning Love», «Jailhouse Rock», «Follow that dream» o «Can't Help Falling in Love». Incluso en una ocasión, al descubrir entre el público de uno de sus conciertos a Nick Ferraro, un imitador de Elvis, Bruce le invitó a subir al escenario para interpretar juntos «All Shook Up», en una demostración palpable de que la sombra de Elvis es la más alargada del rock & roll.

El respeto de los grandes

Otra estrella de la canción que siempre ha reconocido su admiración por Elvis, es Tom Jones, que cuando el Rey del Rock lanzaba sus primeros discos era un quinceañero que se pasaba el día cantando sus canciones en los bares y las calles de Treforest, un pueblo industrial de Gales, en el suroeste del Reino Unido, y que no se cansaba de repetir a sus amigos que algún día lo conocería personalmente. Jones cumplió su sueño el 30 de septiembre de 1965 en los estudios Paramount, de Hollywood. Elvis se hallaba por aquellos días inmerso en el rodaje de la película *Paradise, Hawaiian Style*, y Jones, acababa de saltar a la fama tras el éxito de su canción «It's not unusual», que había copado el primer puesto en las listas británicas, y se encontraba en California para negociar la posible grabación de un tema musical para el cine. Para su estupefacción le advirtieron que Presley lo quería conocer y lo llevaron al set de rodaje en el que estaba rodando una escena. Jones ha rememorado ese momento una y cien veces: «¡Elvis estaba ahí, en un simulacro de helicóptero, con una chica. Cuando gritaron "¡corten!", me saludó, pero yo estaba mirando a los tipos que había detrás. Me dijeron "Elvis te está saludando ¡devuélvele el saludo!". Entonces salió del helicóptero y empezó a caminar hacia mí... y de repente empezó a cantar «With these hands», mi tercer *single*. Era como un sueño». En el diálogo posterior Elvis le preguntó dónde había aprendido a cantar así y el galés le contestó que escuchándole cantar a él, a Jerry Lee Lewis, a Chuck Berry y a Mahalia Jackson. El rey le confesó que cuando le escuchó por primera vez había pensado que era negro, porque no sabía que fuese galés, lo cual era una ironía del destino, porque eso era precisamente lo que le había sucedido a Presley cuando comenzó a cantar.

> «Es gracioso que en aquellos días la gente que quería parecerse a Elvis usaba chaquetas de cuero y jeans, porque eso es lo que usaba en sus películas. En la vida real, Elvis nunca usó vaqueros. Pensaba que era ropa de trabajo.»
>
> Tom Jones

Pasaron dos años hasta que se vieron de nuevo, esta vez en 1968, en el camerino de Jones en el hotel Flamingo de Las vegas, donde estaba actuando y donde se hicieron unas fotos con Priscilla. Un año después, cuando actuaba en un hotel de Hawái, Jones recibió un recado de Presley en el que le pedía que le llamara. Cuando hablaron por teléfono Elvis le manifestó que estaba allí de va-

CANTANDO BAJO LA DUCHA

La anécdota más divertida de Tom Jones sobre su amistad con Elvis se produjo en el Caesars Palace de Las Vegas, donde se alojaba Jones y a donde fue a visitarle Presley para hablarle de una canción que quería ofrecerle. Cuando Elvis llegó, Tom acababa de actuar y necesitaba darse una ducha, así que le rogó que le esperase un momento mientras lo hacía, pero su impaciente amigo no le hizo caso y entró con él en el baño y se puso a cantarle la canción mientras Jones estaba bajo el agua. Cuando le escuchó, el León de Gales no daba crédito a lo que estaba sucediendo: «¡Dios mío, me estoy volviendo loco! Creo escuchar a Elvis cantando». Pero su asombro se vio superado cuando salió de la ducha y se encontró a Elvis lavándose las manos con unos pantalones de cuero blanco por los tobillos, algo que el de Memphis explicó con toda naturalidad: había tenido que usar el retrete mientas Jones se duchaba. Tal como cuenta éste, la situación tuvo un final acorde con su surrealismo: «Le dije "Elvis, tus pantalones". En ese momento grita, ¡Red! (a su guardaespaldas). Cuando el hombre entra por la puerta, Elvis le dice, "Tío, mis pantalones". No porque fuera una superestrella incapaz de subirse sus propios pantalones, sino porque eran de cuero muy ajustado, difíciles de acomodar!»

caciones y había tratado de localizarlo varias veces, sin éxito. El asunto era que el equipo de Tom, cuando había recibido las llamadas habían pensado que se trataba de un bromista. Aquella noche ambos se reunieron por primera vez para compartir una velada de música. Ambos se convertirían en buenos amigos y compartirían juntos muy buenos momentos íntimos compartiendo músicas y experiencias personales, pero, aunque coincidieron varias veces interpretando sus respectivos *shows* en Las Vegas y ambos cantaron canciones del repertorio del otro, nunca compartieron escenario ni grabaron juntos, fundamentalmente porque el omnipotente coronel Parker no permitía que nadie tuviese la oportunidad de compartir la gloria de su representado. Tras la muerte de Elvis, Jones le dedicaría el tema «Elvis Presley Blues» y participaría en numerosos homenajes a su amigo, como el concierto Elvis Forever, que se celebró en septiembre de 2010 en Hyde Park para celebrar el que hubiese sido el 75 cumpleaños del Rey del Rock.

Quizá una de las mejores muestras de la influencia de Elvis en la música popular es la frase de John Lennon: «Antes de Elvis, no había nada», pero es prácticamente imposible encontrar una estrella del rock que no haya mostrado en algún momento su admiración por el cantante de Memphis y su deuda musical con él. Paul Simon afirmó taxativamente: «Elvis fue la razón por la que cogí la guitarra», Bono, el cantante de U2, le dedicó un poema en 1994, titulado *American David*, que hizo público en 2007 en una grabación emitida por la BBC, y Chuck Berry fue tan parco como contundente: «Él era el más grande que alguna vez fue, es o será». Siempre dado al tremendismo, Bob Dylan manifestaría tras la muerte de Elvis: «Repasé toda mi vida. Repasé toda mi infancia. No hablé con nadie por una semana», mientras que Mick Fleetwood, cuyo compañero en Fleetwood Mac, Jeremy Spencer, actuó en ocasiones imitando a Elvis, reconoce sinceramente tanto su deuda artística con el cantante de Memphis como la impronta universal de éste: «Aprendí música escuchando los discos de Elvis. Su efecto medible sobre la cultura y la música fue aún mayor en Inglaterra que en los Estados Unidos». Pero entre este abrumador despliegue de homenajes tiene un peso especial el de B. B. King, uno de los últimos grandes maestros del blues, esa música que fue una de las principales fuentes de las que bebió el llamado Rey del Rock: «Recuerdo a Elvis cuando era un joven que andaba alrededor de los estudios Sun. Incluso entonces, yo sabía que este chico tenía un tremendo talento. Era un joven dinámico. Su fraseo, su forma de ver una canción, era tan singular como la de Sinatra. Yo era un gran fan, y si Elvis hubiera vivido, no habría terminado su inventiva».

La sombra de Elvis se proyecta sobre artistas tan dispares como Lana del Rey, que canta sobre él en el tema «Body Electric», Fred Dust, el vocalista de la banda metalera Limp Bizkit, que tiene por costumbre usar canciones de Elvis durante sus pruebas de sonido, o el cantante de R&B y hip hop Bruno Mars, cuya afición infantil le llevó a interpretar «Can't Help Falling In Love», con sólo cuatro años y

El cantante de hip hop, Bruno Mars, a los cuatro años.

Nicolas Cage y Sarah Jessica Parker en *Honeymoon in Vegas*.

disfrazado de Elvis, en la película *Honeymoon in Vegas*, una comedia dirigida en 1992 por Andrew Bergman e interpretada por Nicolas Cage, Sarah Jessica Parker y James Caan. Incluso la estrella del rock alternativo, Beck, que confiesa que compuso su álbum *Morning Phase* influido por la lectura del libro *Mistery Train*, sobre la vida de Elvis, escrito por Greil Marcus.

   Obviamente, en España también son legión los músicos que han demostrado de palabra y obra su pleitesía al Rey del Rock, desde Miguel Ríos que se enamoró del rock con el Elvis juvenil pero se dio cuenta de que no quería ser a un *crooner* después de verle actuar en Las Vegas a principios de los setenta, a Loquillo, quien le dedicó su tema «El Fantasma de Elvis», pasando por Andrés Calamaro, que le dedicó otra canción, «Elvis está vivo», Agustí Burriel, uno de los mejores intérpretes de Presley que hay en España y líder de la Elvis Tribute Band, o Bunbury, que descubrió el rock 'n' roll cuando vio la película *King Creole* y decidió que quería ser músico y como tal acabó cantando sus temas en el evento de homenaje, *Una cita con Elvis*, que se celebró en Zaragoza en diciembre de 1996. Resulta evidente que la parroquia rockera española evidencia en sus repertorios y sus composiciones el tributo a quien hizo del primer rock 'n' roll una música universal, y sería excesivamente prolijo enumerarlos a todos, pero a modo de resumen podemos citar a los variopintos integrantes del disco *Viva El Rey*, que recoge grabaciones realizadas a lo largo de los años por los siguientes músicos españoles, con temas originales de Elvis: La Frontera, Loquillo, Trogloditas, Sabino Méndez, Santiago & Luis Auserón, Bruno Lomas, Miguel Ríos, Lorenzo Santamaría, Micky y Los Tonys, Gabinete Caligari, Moris, Ramoncín, Orquesta Mondragón,

Carlos Segarra, Nel·lo y La Banda del Zoco, Corcobado, Sabino Méndez, Gatos Locos, Gabriel Sopeña, Paco Clavel, Antonio Fidel y Los Navegantes, Australian Blonde, Sangtrait, Gaby Alegret y Leize.

El Elvis mexicano

Hay casos en los que la influencia del Rey del Rock se convierte en un homenaje mimético, como es el de Robert López, un artista de origen mexicano nacido en Chula Vista, California, más conocido como El Vez. En su repertorio mezcla el estilo de Elvis Presley con sus raíces musicales latinas, haciendo versiones, pero sus primeras influencias fueron el sonido garajero y el punk, música que tocaba con sus primeros grupos, como The Zeros, apodados Los Ramones Mexicanos. Decidió montar un espectáculo en torno a Elvis cuando en 1988 contrató a un imitador del Rey del Rock para la inauguración de una exposición en una galería de arte en la que trabajaba. Se le ocurrió la idea de que podía hacerlo mejor e ir un paso más allá y se marchó Memphis para asistir a la Semana de Elvis, un evento anual en el que se conmemora la muerte del cantante. Se compró cintas de karaoke y actuó en un espectáculo de imitadores adoptando por primera vez la personalidad de «El Vez», el Elvis mexicano. Convirtió «That's All Right Mama» en «Esta Bien Mamacita», «Hound Dog» en «You Ain't Nothing But a Chihuahua», «Blue Suede Shoes» en «Huaraches Azules». Cuando representó el espectáculo en Los Ángeles, la prensa se fijó en aquel mestizaje de culturas y el artista comenzó a cobrar fama. El proyecto creció y acabó montando una banda, los Memphis Mariachis, y se hizo acompañar por cuatro coristas, las Elvettes, rebautizadas con nombre de clara evocación preysleriana: Lisa María, Priscilita, Gladysita y Qué Linda Thompson.

Robert López, El Vez, la réplica hispana.

En cualquier caso, lo que hizo El Vez nunca fue una parodia ni, por supuesto, estuvo falto de un escrupuloso respeto a la figura de Elvis, como él mismo explicaba en una entrevista concedida en 1996 al periodista musical Miquel Botella Armengou: «Empecé, no como una broma, sino como un test: nadie me conocía, era sólo para una vez y nada más. Ahorita, con los discos y las giras, es una gran parte de mi vida». Y ese experimento le llevó a la fama y desde allí sigue reivindicando la figura de Elvis como un referente de la cultura popular mundial: «Para mí es un sueño americano, aunque, de hecho, es un sueño del mundo. Representa algo diferente para cada persona». En 1991 grabó su primer disco, *The Mexican Elvis*, un EP al que siguieron otros dos, *El Vez Calling* y *Not Hispanic*, luego dos CD recopilatorios y en 1994, *Graciasland*, su primer álbum de estudio, un cóctel de rock & roll, humor y crítica social que le aupó a la fama con una personalidad propia y disipó toda sombra de bufonada que pudiese rodear a su trabajo.

Perteneciente a una familia de luchadores, sus letras siempre tuvieron una fuerte carga reivindicativa en defensa de los derechos de los inmigrantes mexicanos y sus descendientes al norte del río Grande. Esa carga ideológica se palpa a la perfección en canciones como «En el barrio», una reinterpretación de «In the Ghetto», en la que denuncia con una letra humorística la marginación de los mexicano-estadounidenses, en «Aztlan», donde revisaba el tema «Graceland», de Paul Simon, convirtiendo el Misisipi en el río Grande, o en la vuelta de tuerca que le dio a «Suspicious Minds», transformándola en «Immigration Time», a la que incorpora elementos de «Sympathy for the Devil», de los Rolling Stones. Porque El Vez no sólo adopta el estilo de Elvis para hacerlo suyo y transmitir un mensaje propio, sino que también incluye adaptaciones de temas de artistas como David Bowie, Bob Dylan, Iggy Pop, T. Rex, o The Beatles. Su personal combinación, de música, sátira y política fue el eje central de su gira Rock & Revolution, cuya idea central era, en sus propias palabras: «Elvis becomes Che Guevara. Ésta era la idea del *show*: una combinación de Elvis, el revolucionario en la música, y Che Guevara, en cuanto a ideas políticas».

El Elvis negro

La fascinación suscitada por Elvis no entendía de barreras sociales ni raciales y muchos jóvenes afroamericanos de los barrios pobres, dos cosas que en los años cincuenta en los Estados Unidos solían estar íntimamente asociadas, también se propusieron emularlo y convertirse en estrellas del rock. Uno de ellos fue un chaval de Seattle, Washington, llamado James Allen Hendrix, el nombre original de Jimi Hendrix, que acabaría siendo apodado, entre otras etiquetas, como «el Elvis negro». Los primeros en catalogarlo con esta nomenclatura fueron los periodistas británicos tras su concierto de marzo de 1967 en el Astoria de Londres, en el que protagonizó el famoso lance en el que quemó su guitarra en el escenario, comparando el derroche de actitud rockera del guitarrista afroamericano con el ímpetu y la energía de los directos de Elvis en sus momentos de plenitud.

Hendrix tenía en aquel momento veinticinco años y ya era uno de los más grandes de la escena rock del momento con una sólida carrera sus espaldas, primero como guitarrista de Little Richard y luego con Curtis Knight and The Squires, antes de dar el salto a Inglaterra para montar The Jimi Hendrix Experience y colocar tres *singles*, «Hey Joe», «Purple Haze» y «The Wind Cries Mary», en lo más alto de las listas.

En 1967 se convirtió en una leyenda en Estados Unidos, después de su éxito arrollador en el Monterey Pop Festival. Pertenecía a la generación que había alumbrado el movimiento *hippie* tras la llegada a Estados unidos de la *British Invasion*, el movimiento musical abanderado por The Beatles, The Rolling Stones, The Animals o The Who, que habían eclipsado el primer rock 'n' creado por Elvis, Eddie Cochran, Gene Vincent y compañía. El cantante de Memphis y el guitarrista de Seattle representaban dos estilos de rock completamente distintos, lo que convertía la etiqueta de «el Elvis negro» en un sinsentido que, sin embargo, no desagradaba del todo a Hendrix, que en su infancia había sido un

fan confeso de Elvis y, al igual que tantos otros jóvenes, negros o blancos, había decidido seguir la senda del rock la primera vez que había visto actuar a Presley. Esa conexión estelar, nunca mejor dicho, se produjo el 1 de septiembre de 1957, cuando Jimi tenía catorce años y el Rey del Rock fue a tocar a su ciudad. Hendrix, hijo de una madre de ascendencia cherokee y un padre afroamericano, con problemas con el alcohol y sumidos en la pobreza, soñaba con ser músico y tener una guitarra que su padre se negaba comprarle, y aquel día estaba muy lejos de tener el dólar y cincuenta centavos que costaba la entrada al concierto. Tuvo que conformarse con ver el *show* desde una colina próxima al estadio y luego colocarse en la acera para ver pasar a la rutilante estrella a bordo de su imponente Cadillac blanco. Todo eso si nos atenemos a la versión que da Charles R. Cross en el libro *Room Full of Mirrors* y que tradicionalmente se considera la más fiable respecto a lo que sucedió aquella jornada.

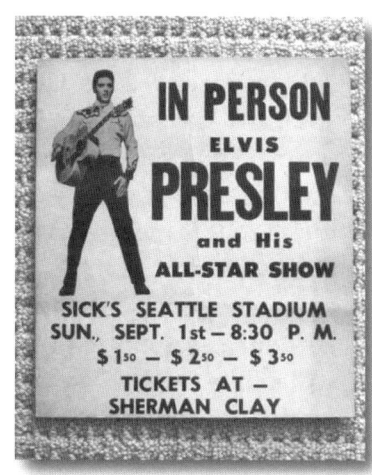

Entrada al concierto al que no pudo acudir Jimi Hendrix.

Ambos artistas no se volvieron a cruzar jamás. Quizá fue aquella lejana y fugaz visión, la que llevó a dibujar unos meses más tarde a un tosco Elvis, empuñando su guitarra y rodeado de los títulos de algunas de sus canciones. Un documento que hoy figura entre los tesoros más preciados de la historia del rock, tan preciado como la grabación accidental, conocida recientemente, de una interpretación de «Hound Dog» que Hendrix improvisó en el *backstage* del Royal Albert Hall de Londres en febrero de 1969, cuando la Jimi Hendrix Experience estaba en fase de descomposición, a seis meses de convertirse definitivamente en una leyenda en el Festival de Woodstock y un año y medio antes de morir en Londres ahogado en su propio vómito, víctima de los excesos y probablemente de una crisis pulmonar tras una ingesta de barbitúricos, en un trágico paralelismo con el que había sido su ídolo juvenil.

Elvis dibujado por un adolescente Jimi Hendrix

> ### BRUNO LOMAS, EL ELVIS ESPAÑOL
>
> La muletilla de calificar como «el Elvis nacional» a los primeros cantantes de rock 'n' roll que surgieron fuera de los Estados Unidos a principios de los años sesenta, fue un recurso facilón usado por periodistas de todo el mundo. En sus orígenes Johnny Hallyday fue el Elvis francés, Cliff Richard, el inglés, Ted Herold, el alemán y Adriano Celentano, el italiano. En España ese título recayó en Bruno Lomas, un joven que vino al mundo en Játiva como Emilio Baldoví y que abandonó los estudios de Derecho para dedicarse a la música cuando escuchó los discos de rock. En 1959 monta Los Milos, banda pionera del rock español, junto a Salvador Blesa y Vicente Castelló, y en 1960 graban su primer disco: Rock and Roll en Español. Tocan con Johnny Halliday en Valencia y tras una gira por Francia, Lomas abandona el grupo. Pasa por un par de bandas y emprende una exitosa carrera en solitario, que declina a principios de los setenta y se apaga en los ochenta. Lomas acabó falleciendo en accidente de automóvil en 1990, a los cincuenta años.

El de Játiva marcó una sustancial diferencia con los primeros rockeros españoles, en su mayoría hijos de buena familia, que se decía entonces, que imitaban a sus ídolos norteamericanos con una actitud educadamente formal. Bruno, enfundado en cuero negro, siguiendo la estética de Gene Vincent, se convirtió en «el malo del guateque», como le calificaría Massiel en un documental. Es el cantante más seductor del rock español, en el escenario derrocha una vitalidad contagiosa y sus fans son las más alocadas de la época. Es el prototipo de rebelde sin causa que se impone en los primeros años sesenta, en los que se convirtió en un ídolo que cayó abatido por los vertiginosos cambios de modas y costumbres, en un país que aceleraba para incorporarse a una Europa de la que había permanecido ausente demasiados años.

El Elvis rojo

Dean Cyril Reed tenía dieciséis años cuando Elvis Presley se dio a conocer con «That's All Right» así que es fácil, imaginar que formó parte de la legión de jóvenes que vio su adolescencia sacudida por el trepidante rockabilly del rey y el resto de la primera camada de rockeros de Sun Records, pero seguro que nunca imaginó que acabaría pasando a la historia con el nombre del ídolo juvenil de Memphis. Nacido en Lakewood, Colorado, su padre era un fanático anticomunista que intentó que Dean se hiciese militar, cosa que no apasionaba precisamente al muchacho, que a los diecinueve años se marchó a California para intentar lograr fama y fortuna como actor. Su físico de atleta bien parecido le proporcionó pequeños papeles en la televisión y comenzó a estudiar con Paton Price, un director de cine y series de televisión con ideas pacifistas que hicieron mella en su alumno. Pero el mundo del cine no acababa de abrirle sus puertas y decidió probar suerte con la música. Por entonces Capitol Records buscaba jóvenes guapos y talentos con los que competir con la RCA y su estrella, Elvis Presley. Convertido en Dan Reed grabó unos cuantos *singles* como «Annabelle» o «Our Summer Romance», con un rock 'n' roll blando tirando a empalagoso que no logró el éxito previsto entre las adolescentes, pero que le sirvió para realizar giras por Chile, Perú y Brasil, que no sólo le proporcionaría cierto éxito, sino que cambiarían su vida para siempre.

En Chile fue recibido como una estrella de primera línea y, además de llenar conciertos y participar en programas de televisión, conoció a personajes destacados de la izquierda como Salvador Allende y Víctor Jara y se involucró en actividades políticas, actuando gratis en barrios populares y actos sindicales. Algo similar sucedió a su paso por Argentina, donde el compromiso político de Reed fue en aumento, aprendió español y se instaló en el país durante casi cuatro años. En 1970 protagonizó un sonado incidente al lavar la bandera de su país frente al consulado de los Estados Unidos en Chile en protesta por la Guerra de Vietnam y la política imperialista de su gobierno, lo que le colocó definitivamente en el punto de mira de la CIA. Para entonces ya era una figura mundialmente conocida por su habituales conciertos en la Unión Soviética y los países de la órbita comunista. Era un extraño caso de desertor a la inversa, alguien que había elegido el lado oriental del telón de Acero y comenzó a ser considerado un traidor apodado «el Elvis rojo». Durante una temporada también regresó al cine interpretando películas de *spaghetti western*, lo que le dio la oportunidad de conocer España. En 1973, se estableció en la Alemania Oriental convertido en una estrella cinematográfica y musical que interpretaba sobre todo versiones de los grandes mitos del rock como Elvis Presley, Carl Perkins, Chuck Berry o The Beatles. En 1986 concedió una polémica entrevista a la CBS, en la que justificó la invasión soviética de Afganistán y la construcción del Muro de Berlín. Seis semanas después fue hallado muerto en un aparente suicidio, aunque la versión oficial fue que se trataba de un accidente sobre el que siempre planeó la sospecha de asesinato.

Elvis Costello.

El otro Elvis

Pocos han osado utilizar como nombre artístico el del Rey del Rock y mucho menos hacerlo en serio, fuera del territorio de la parodia o la imitación. Ése es el caso del londinense Declan Patrick MacManus, que decidió elegir como nombre artístico Elvis Costello, Elvis por Presley y Costello por el apellido de su abuela. Lo hizo en 1977 por sugerencia de Jack Riviera, el director del sello independiente Stiff Records, su primera discográfica, en parte para buscar un nombre que le diferenciara de los cientos de músicos que surgían a finales de los setenta y, probablemente, en parte también para provocar a los fans de Elvis Presley, muerto ese mismo año. Eso es algo que encajaría a la perfección en el espíritu punk que se encontraba en ebullición en la escena londinense de aquellos años. Elvis Costello nació siete semanas después de que Elvis Presley lanzara su primer *single*, en el seno de una familia con numerosos antecedentes musicales y en su casa se escuchaba mucho jazz y música clásica. Su abuelo había sido cantante de orquesta en trasatlánticos y su padre Ross MacManus fue trompetista y cantó en la orquesta Joe Loss, la banda de baile más longeva del Reino Unido, y en su etapa como intérprete solista usó el nombre artístico de Day Costello. Ross tocó la trompeta en dos de los álbumes de su hijo y parece representar uno de los pocos nexos de conexión directa con el Rey del Rock, a través del disco de homenaje *Big Ross & The Memphis Sound - The Golden Hits Of Elvis Presley*, grabado en 1972, que fue reeditado en 2008 como *Elvis' Dad Sings Elvis*, según información de Santiago González Arbelo, experto en discografía sobre Presley.

Sea como fuera, su vocación musical estaba marcada en el ADN familiar, tal y como apunta en su libro autobiográfico *Música infiel y tinta invisible*: «Cuando murió mi abuelo, mi padre me dijo que mi lugar estaba en el escenario. Tenía que tocar. Es lo que hacemos para vivir». Costello se fogueó en la escena del pub rock de mitad de la década del setenta para acabar asociándose inevitablemente a la corriente mayoritaria de finales de esa década: el punk y la new wave, pero marcando diferencias desde el primer momento. Frente a la estética agresiva y la actitud nihilista de la mayoría, optó por una imagen y una actitud introvertidamente provocadoras, una especie de heredero estético de Buddy Holly con pinta de rockabilly modosito. En el verano de 1977, mientras Elvis muere en Graceland, el otro Elvis recluta a The Attractions, la banda con la que iniciaría su escalada hacia el éxito, En 1986 esa asociación se disuelve y Costello inicia un recorrido como solista con apoyo temporal de grupos como TCB Band, cuyo núcleo duro eran el guitarrista James Burton y el bajista Jerry Scheff, que habían acompañado a Elvis Presley desde 1969 hasta su fallecimiento. Más allá de la apropiación del nombre, el nexo común entre los dos Elvis es que ambos son dos figuras fundamentales de la música popular, aunque hayan recorrido caminos muy distintos. Con ocasión de su visita a Graceland el 13 de octubre de 2021, para dar inicio a la gira Hello Again, Costello se manifestó sobre las razones de haber elegido como nombre artístico el del Rey del Rock: «Nunca tuve la intención de faltarle el respeto. Mis representantes me pusieron el nombre como una forma de marcarme. Era tan obvio que no era Elvis en apariencia, que haría que la gente se detuviera y se diera cuenta».

EL MEJOR IMITADOR DE ELVIS ES... JOHNNY CASH

En 1959, Johnny Cash realizó una jocosa imitación de Presley mientras grababa un fragmento del programa de televisión Vel's Ford Town Hall Party. Entre las carcajadas del público asistente y durante un casi tres minutos, imitó su forma de cantar, meneó las caderas, peinó el tupé reiteradamente, en una imitación que parece más bien una parodia de una imitación. En aquel momento Elvis se encontraba cumpliendo el servicio militar en Alemania y nunca se supo lo que pensaba de la chanza de su amigo, pero es muy poco probable que le sorprendiese ya que a mediados de los años cincuenta, cuando ambos realizaban juntos giras de conciertos con el sello Sun Records, Cash ya había hecho alguna broma similar. Debido a esta imitación, la revista *Time* coloca a Johnny Cash en el primer puesto de su lista de *impersonators* de Elvis Presley.

Las mil y una reencarnaciones del Rey del Rock

Cada año, durante el mes de marzo, la ciudad de Memphis acoge la celebración del Ultimate Elvis Tribute Artist Weekend Showcase, un evento que atrae a personas de todos los puntos del planeta, dispuestas a demostrar que son las mejores réplicas de Elvis, sin distinción de edad, sexo y condición. Los premios oscilan entre los 50 y los 5.000 dólares y se dividen en tres categorías: jóvenes, aficionados y profesionales, pero eso no es lo fundamental. Lo verdaderamente importante es demostrar el amor y la fidelidad al ídolo, por encima de todo. Los imitadores profesionales de Elvis, universalmente conocidos como ETA (Elvis Tribute Artist), surgieron al principio de la carrera musical del artista, en la segunda mitad de los años cincuenta. Según la información que maneja la Elvis Presley Enterprises, la entidad que gestiona todos los aspectos, tanto económicos como históricos, de su monumental herencia, al Rey del Rock no sólo no le molestaba su existencia, sino que la agradecía e incluso, de algún modo, la alentaba con respuestas a algunas de las cartas que le enviaban estos émulos admiradores a los que escribía cosas como: «el mimetismo es una forma sincera de ser un fan».

Muchos de estos primeros imitadores surgieron entre los aspirantes a artistas que se presentaban a los concursos de jóvenes talentos, que estuvieron en boga en los años cincuenta y sesenta. Uno de los primeros de los que se tienen noticias es Carl *Cheesie* Nelson de Texarkana, Arkansas, que en 1954 logró cierta popularidad en la radio con sus versiones de «That's All Right, Mama» y «Blue Moon of Kentucky» y que llegó a actuar junto al propio Presley en los inicios de su carrera. En 1956, justo cuando Elvis comenzaba a convertirse en una superestrella tras su contrato con RCA, se hizo muy conocido, Jim Smith, un adolescente canadiense, a pesar de que en realidad no cantaba y tan sólo imitaba los movimientos y bailes del cantante de Memphis. Otros *impersonators* famosos de los sesenta fueron Dave Ehlert, que actuaba regularmente en Chicago, y Johnny Harra, muy popular en Texas. Incluso el famoso interprete de música folk y canción protesta, Phil Ochs, actuó en marzo de 1970 en el Carnegie Hall, caracterizado y vistiendo un traje de lamé dorado a imitación de los que usaba Elvis en sus primeros años. En los años setenta el actor y comediante Andy Kaufman, famoso por sus intervenciones en el programa de televisión *Saturday Night Live*, incluyó imitaciones de Presley, al que en 1969 había ido a conocer a la Vegas haciendo autoestop, durante sus primeros años, cuando actuaba en clubs por todo el país. El propio Elvis manifestó en más de una ocasión que Kaufman era su imitador favorito.

El comediante Andy Kaufman imitando al Rey.

Las reuniones y concursos de imitadores se celebran en todos los puntos del planeta desde hace décadas, siempre con los alrededores de Graceland como epicentro de este movimiento de emuladores, pero en el año 2007, la Elvis Presley Enterprises decidió tomar las riendas de la reunión de Memphis, que genera sustanciosos beneficios, y organizó el primer concurso oficial de artistas tributo, en lo que se conoce como la Semana de Elvis, en la que se dan cita miles de aficionados de todo el planeta para escuchar música, ver películas, visitar Graceland, pasear en coches de época, hacerse millones de selfis y, sobre todo, asistir a las competiciones de imitadores a las que se accede tras una rigurosa selección por parte de la organización del evento.

El eterno mito de que Elvis sigue vivo adquiere un significado simbólico a través de sus diferentes reencarnaciones en sus sosias. Uno de los títulos más disputados del mundo es el de su mejor imitador, reivindicado encarnizadamente por muchos a lo largo de las últimas décadas. Uno de estos sosias profesionales de más renombre es Greg Miller, quien afirma haber conocido personalmente a Elvis –e incluso haberse hecho amigo suyo– cuando tenía diecisiete años. La historia tiene todos los ingredientes propios del sueño americano. Tal como cuenta él mismo, este chaval de San Diego se había pasado la noche frente a la taquilla del estadio donde iba a actuar Elvis para disfrutar del concierto desde la primera fila. Estaba además vestido para la ocasión: tupé y traje a imagen y semejanza de su ídolo, lo que llamó la atención del cantante que se hizo con su teléfono y al poco le llamó para conocerlo. Sea exactamente así o no, lo cierto es que Greg acabó participando en la película «Leaving Las Vegas», junto a Nicolas Cage, y desde entonces recorre el mundo con su espectáculo «Elvis vive», con el que ha realizado más de 10.000 conciertos en homenaje a su ídolo. Le disputan el título de mejor imitador, Chris Connor, que recibió el respaldo de Joe Esposito, *road manager* de Presley, como uno de los

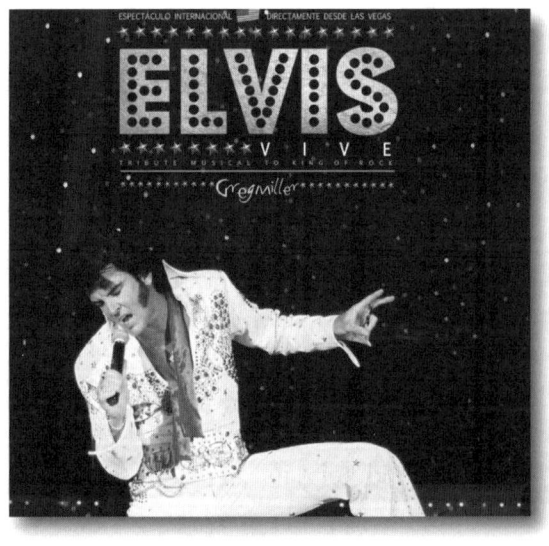

mejores imitadores de la historia, Shawn Klush, de Pensilvania a quien la BBC nombró hace una década el mejor Elvis del mundo, los británicos Ben Portsmouth, Rob Kingsley y Lee *Memphis* King, y el cantante mexicano Héctor Ortiz, considerado el mejor émulo en Latinoamérica, entre otros.

Leigh Crow, la cantante de The Mighty Slim Pickins, una banda de rockabilly

Leigh Crow, la mejor imitadora femenina.

integrada exclusivamente por mujeres, es el caso más notorio de imitadora femenina del Rey del Rock, y en el ámbito callejero quien se lleva la palma es Michael Romeo, el imitador de Presley más famoso de Los Ángeles, que lleva más de siete años actuando en Hollywood Boulevard, frente al teatro Kodak, donde se celebra la entrega de los Oscar. No podía faltar la leyenda en el más puro estilo de príncipe y mendigo, que asegura que el auténtico y genuino Elvis Presley llegó a participar en un concurso de imitadores en un restaurante de Memphis poco antes de su muerte... y que quedó en tercer lugar. La historia hubiese sido muy romántica, si no fuese porque detrás de ella estaba el *Weekly World News*, una publicación especializada en noticias sensacionalistas, habitualmente sin más base que la imaginación de sus redactores, que en esta ocasión parece ser que se inspiraron en un hecho similar protagonizado por Charlie Chaplin y su personaje, Charlot.

Michael Romeo, el emulador de Hollywood Boulevard.

Más allá del negocio en el que convirtieron su vida, Elvis se acabó transformando en una marca que ha pervivido en el tiempo y ha seguido generando millones de dividendos en los cuarenta y tres años que han pasado desde su desaparición. Ganó dinero a espuertas y lo derrochó con largueza, y a su muerte se convirtió en la cara visible de un fabuloso emporio financiero que abarca desde propiedades inmobiliarias, beneficios generados por su música y el más variado merchandising. Incluso su nombre ha bautizado iglesias.

> «La imagen es una cosa y el ser humano otra... Es muy difícil vivir como una imagen.»
> **Elvis Presley**

ELVIS, MARCA REGISTRADA

«No soy un santo, pero nunca he intentado hacer algo que dañe a mi familia y ofenda a Dios.»

En la lista que publica la revista *Forbes* sobre las estrellas fallecidas que más dinero generan, Elvis ocupaba en 2020 la quinta posición, por detrás de Michael Jackson, el escritor infantil Dr. Seuss, el creador de Snoopy, Charles Schulz, y el golfista Arnold Palmer. En los últimos veinte años, Presley nunca ha abandonado los cinco primeros puestos de esta particular lista de millonarios muertos, en la que ocupó la cabecera entre el 2001 y 2008. La mayor parte de este patrimonio está administrado por Elvis Presley Enterprises, un entramado empresarial actualmente en manos del magnate del ocio Robert Sillerman, que en 2005 compró el 85 por ciento de las acciones, dejando el 15 restante a Lisa Marie, la hija del cantante. Esta entidad corporativa fue creada en 1979 por The Elvis Presley Trust, el fideicomiso creado por Lisa Marie para continuar la gestión del patrimonio de su padre al convertirse en heredera universal a la muerte de Minnie Mae Presley y Vernon Presley, la abuela y el padre de Elvis, respectivamente. En vida la estrella del rock fue una perfecta máquina de ganar dinero. Por poner un ejemplo, sólo en el año 1970 ganó 2,4 millones de dólares limpios de impuestos, al año siguiente rondaría los tres millones y en 1972 llegaría a los cuatro. Sólo su carrera cinematográfica le supuso unos ingresos de 180 millones de dólares, según las estimaciones de la plataforma IMDB. Pero el negocio, tal y como había vaticinado el avispado coronel Parker, siguió funcionando a pleno rendimiento después de muerto.

Tras el fallecimiento del Rey del Rock, fue su viuda Priscilla la que se hizo cargo del patrimonio familiar y una de sus primeras decisiones fue convertir la mansión de Graceland en un centro turístico, o si lo prefieren, en un lugar de peregrinación para devotos admiradores del cantante. Desde 1982 millones de visitantes se han paseado por las 23 estancias de la casa, excepto las del segundo piso, que no están abiertas al público. Entre las habitaciones más admiradas se encuentran la famosa «habitación de la jungla», inspirada en los paisajes de Hawái, donde se grabaron la mayoría de los temas de los dos últimos

discos de Elvis, la sala de televisión, donde el cantante veía varios aparatos a la vez, la sala de billar, con su peculiar decoración de tela estampada rematada en el techo con un gran botón, y la sala de los trofeos, donde se exhiben los discos de oro, platino y resto de galardones obtenidos por Presley a lo largo de su carrera. Pero el punto más visitado es el Jardín de la Meditación, donde está enterrado el cantante junto a sus padres, su abuela, su hermano gemelo muerto al nacer y, desde 2020, su nieto Benjamin Storm Presley. Frente a la mansión se encuentran unas enormes instalaciones que albergan varias salas de museo que acogen las colecciones de coches, motos, trajes, armas y objetos diversos, además del autobús Greyhound que usaba para viajar con su equipo personal, y los dos aviones: el que lleva el nombre de *Lisa Marie Presley* y el *Hound Dog II JetStar*.

Un negocio en crecimiento

Graceland, fue valorada a la muerte de Elvis en 350.000 dólares, pero su ex mujer decidió que sería más rentable convertirla en un museo y acertó. La mansión recibe cada año a más de 600.000 personas, convirtiéndose en el segundo edificio más visitado de los Estados Unidos, sólo por detrás de La Casa Blanca. En 2006 el edificio y la finca fueron declarados Monumento Histórico Nacional. Su conversión en un gran centro turístico ha sido un proceso de constante evolución desde poco después de la muerte del mito del rock & roll. En 1983 Elvis Presley Enterprises adquirió un centro comercial que se construyó en los años sesenta

frente a la mansión de los Presley y en el que después de la muerte del cantante se instalaron docenas de tiendas que vendían falsos recuerdos de Elvis y artículos de *merchandising* ilegales. En 1987, cuando habían vencido todos los contratos de arrendamiento de las tiendas, los propietarios de Graceland comenzaron a hacerse con ellas y el proceso se culminó en 1993 con la compra de la propiedad completa que se convirtió definitivamente en Graceland Plaza. El terreno del *parking* de visitantes y el recinto donde se exhiben los aviones aviones ya era propiedad de Elvis Presley Enterprises, pues el cantante lo había comprado en 1962, aunque nunca se había utilizado.

A mediados de los años ochenta, al norte de Graceland Plaza se construyó Graceland Crossing, un centro comercial con tiendas que vendían artículos relacionados con Elvis, y que fue una empresa independiente hasta que Graceland lo compró en el otoño de 1997 como un añadido a la oferta de ocio para sus visitantes. En 1999 se compró también una propiedad hotelera próxima que fue rebautizada como Elvis Presley's Heartbreak Hotel y se añadió al conglomerado turístico de Graceland. En 2017, a los cuarenta años de la muerte del cantante, el complejo turístico de lo que en su día fue su residencia se amplió con la apertura de The Guest House at Graceland, un hotel temático con 450 habitaciones y varias *suites*, cuyo diseño fue directamente supervisado por Priscilla Presley. Se ubica a menos de diez minutos de la mansión y cuenta también con dos restaurantes en los que se ofrecen los platos preferidos del Rey del Rock, un teatro, una piscina al aire y un bar. Además, hay servicio gratuito de enlace con el aeropuerto.

El negocio en torno a Elvis va mucho más allá del perímetro de Graceland y abarca desde la gestión de los activos que genera la publicación de su música hasta su presencia en la red de internet, pasando por la concesión de licencias de productos y empresas vinculadas a su nombre o su imagen y el desarrollo de producciones publicitarias, teatrales, televisivas, cinematográficas o musicales relacionadas con él o su obra. Su imagen sirve para vender de todo: fundas para móviles, camisetas, bebidas energéticas, disfraces, muñecos, bolígrafos, botellas de vino con nombres tan sugerentes como Blue Suede Chardonnay y The King Cabernet, e incluso muñecas Barbie adaptadas a su estética. Sus objetos personales más simples han alcanzado cifras asombrosas en las distintas subastas que se han hecho con ellos: por una tarjeta de biblioteca se llegaron a pagar siete mil dólares y seis mil por un frasco de pastillas. Pero más de cuatro décadas después de su desaparición, la base principal sigue siendo obviamente su música. Según datos proporcionados en el año 2021 por el Authentic Brands Group, que compró los derechos de Elvis en 2013, sigue generando unos 40 millones de dólares al año. El valor del patrimonio que generó asciende a 500 millones de dólares, sólo por detrás de Los Beatles, que rondan los mil millones, y de Queen, que después del efecto revival provocado por el estreno de la película *Bohemian Rapsody* en 2018 han llegado casi hasta los 600 millones de dólares. Hasta el 23 de febrero de 2020 Elvis ocupó el primer puesto como el artista más joven de la historia en ocupar siete veces el primer puesto de ventas con sus discos. Fue desbancado por Justin Bieber.

Caprichoso y espléndido

Entre las pertenencias más valoradas, de las que el Rey del Rock se desprendió en inesperados gestos altruistas, figuran un anillo de oro de 14 quilates en forma de búho, que le regaló a un admirador en mayo de 1973, después un concierto en Lago Tahoe, y que está valorado en más de 32.500 dólares, una camiseta de su guardarropa particular, firmada de su puño y letra y valorada en más de 16.000 dólares, que entregó ese mismo año a los Boy Scouts para que la usasen como premio en una rifa. Elvis era un amante de las joyas y le gustaba  tanto lucirlas como regalarlas. Era generoso hasta el extremo de convertirse en manirroto. con gestos ostentosos e inesperados, como cuando le regaló su propio coche Lincoln a su joyero, Lowell Hays, cuando éste bromeó con que quería uno aparcado ante la puerta de su negocio. La generosidad de Elvis es reconocida también por su viejo amigo George Klein en el libro *Un aplauso para el astronauta*, de David Moreu: «Me regaló dos Cadillacs y me pagó dos operaciones. Siempre hacía muchas cosas para sus amigos y si le preguntabas qué podías hacer tú para compensarle, te respondía: simplemente dame tu lealtad. Eso era lo único que quería de nosotros. Entonces había seis tipos muy cercanos a él, entre los que destacaban Jerry Schilling, Joe Esposito, Charlie Hodge y un servidor. Aunque sólo Elvis podría decirte quien era su mejor amigo». Le gustaban especialmente las piedras preciosas de colores, como los ópalos, los zafiros, los rubíes y las turquesas, pero también sentía una especial predilección por las motos, los coches, la ropa y cualquier otro objeto que pudiese satisfacer esa especie de bulimia consumista.

Uno de los ejemplos más evidentes de la permanente fijación que el cantante tenía con el aspecto lucrativo de su carrera artística es el lema que figura en el anillo preferido de Elvis: «Take Care of Business» («Cuida de los negocios» o «Hazte cargo del negocio»), que es también el origen de las siglas TCB, con las que Elvis bautizó a su banda de acompañamiento entre 1969 y 1977. El anillo fue diseñado por su joyero de confianza, Lowell Hays, de Memphis, que para su fabricación usó oro, platino, y varios diamantes, con uno central de 11'5 quilates. En septiembre de 2020 fue valorado en un millón de dólares en una subasta. Cada uno de los componentes de la TCB Band lucía una reproducción de esta joya, como regalo del cantante. Las mismas siglas se grabaron en la mayoría de los objetos personales de Presley, desde los revólveres de su colección de armas hasta las alas de su avión privado, pasando por colgantes y joyas personales, muebles, vehículos en las puertas y adornos de Graceland. «Take Care of Business» era además el lema del equipo personal del cantante, conocido como «La mafia de Memphis», integrada fundamentalmente por amigos de la infancia o de su etapa en el servicio militar, que hacían las labores de guardaespaldas, relaciones públicas, gabinete de prensa, administradores, consejeros, e incluso, encargados de sus momentos de ocio o de su vida espiritual.

> **UNA RENTABLE FIGURA... HASTA EN LA SEPULTURA**
>
> En junio de 2012 estuvo a punto de ser subastada la tumba de Elvis en el cementerio de Forest Hill, en Memphis, donde su cuerpo estuvo enterrado durante un par de meses después de su muerte, hasta el intento de profanación de la sepultura y su posterior traslado, junto con su madre, al Jardín de la Meditación de Graceland. La puja por la fúnebre parcela debía comenzar en 100.000 dólares, pero la casa de subastas de Darren Julien, ante las airadas protestas de los seguidores del Rey del Rock, decidió cancelarla.

Un icono cultural

Desde la pintura al cine, pasando por la literatura, los videojuegos, el circo o los dibujos animados, la huella de Elvis ha quedado marcada en todas las disciplinas artísticas y las expresiones culturales del siglo XX. En 1963 la estrella del pop art Andy Warhol, creó una de sus imágenes más conocidas, la obra *Eight Elvises*, una serigrafía que muestra ocho imágenes de Presley ataviado con la vestimenta de *cowboy* que se usó para publicitar una de sus películas, *Flaming Star*. Fue originariamente una pieza de once metros que contenía 16 copias de la figura de Elvis y estuvo exhibida en una exposición en la Ferus Galería, en Los Ángeles,

el año 1963. Fue vendida en el año 2008 por 100 millones a un coleccionista no identificado. En el ámbito del cine, aparte de las películas protagonizadas por él mismo, la figura de Presley ha sido usada recurrentemente en films como *Graceland*, dirigida por David Winkler en el 2000 e interpretada por Harvey Keitel que encarna a un autoestopista que afirma ser el mismísimo Elvis Presley, *3000 Miles to Graceland*, en la que Kurt Russell y Kevin Costner interpretan a un par de delincuentes que se disfrazan como imitadores de Elvis para cometer un robo en el Casino Riviera de Las Vegas, durante una convención de *impersonators* del cantante, o *Forrest Gump*, donde el cantante imita al bailar en su aparición televisiva los movimientos del niño Forrest con sus aparatos ortopédicos. Su sombra planea también sobre *Mystery Train*, dirigida por Jim Jarmusch en 1989, en la que la primera de las tres historias que la integran está protagonizada por una pareja de jóvenes japoneses cuyo sueño es visitar la casa de del Rey del Rock, *Honeymoon in Vegas*, donde Nicolas Cage se lanza desde el avión disfrazado de Elvis sobre la avenida principal de Las Vegas y el cantante Bruno Mars, con sólo seis años, interpreta el tema «Can't Help Falling in Love», vestido como un infantil imitador de Presley, *The Independence Day*, en la que Will Smith y Jeff Goldblum huyen de la nave alienígena al grito de «Elvis has left the building!» («¡Elvis ha abandonado el edificio!»), habitualmente lanzada por la megafonía al final de sus espectáculos para disuadir a los fans que querían contactar con él, o *Men in Black*, donde se hace un guiño a la leyenda de que Elvis no murió, sino que regresó a su planeta de origen, fuese éste el que fuese. Una de las últimas incorporaciones a este peculiar subgénero cinematográfico es *El último Elvis*, una producción argentina-estadounidense, dirigida por Armando Bo y protagonizada por John McInerny, que interpreta a un imitador de Presley, que vive obsesionado con la figura del Rey del Rock, y que en medio de una crisis existencial debe hacerse cargo de su hija, una niña a la que, inevitablemente, ha bautizado como Lisa Marie.

Nicolas Cage en *Honeymoon in Vegas*.

En el mundo de la animación también hay decenas de homenajes y productos inspirados en la figura de Presley, como la serie *Lilo & Stitch, del año* 2002, con ambientación hawaiana, en la que el personaje de Lilo es una fiel seguidora del cantante y pretende que el extraterrestre Stitch imite al Rey del Rock, algo que también hace el pingüino Memphis, uno de los protagonistas de la película infantil *Happy Feet* (*Rompiendo el hielo*), un éxito de taquilla de 2006 que incluye una versión del tema «Heartbreak Hotel» en su banda sonora. En *Rock A Doodle* (*En busca del rey del Sol*), estrenada en 1991, el protagonista es un gallo llamado Chanticleer, que triunfa como cantante en Las Vegas convertido en un emulador de Elvis. En 2014, el director brasileño Benedito Carlos Moreira dos Santos, le dedicó la película *The King of the Rock is Live* (*O rei do Rock está vivo*).

Un deseo hecho realidad, en la ficción

En el año 2020 la plataforma Netflix estrenó la serie de animación para adultos, *Agent King*, dirigida por Priscilla Presley y John Eddie, con el cantante convertido en agente secreto del gobierno estadounidense para combatir a quienes amenazan con destruir su país. De este modo, la viuda lleva a la ficción el viejo anhelo que Presley le expuso al presidente Nixon en su famosa y controvertida visita a la Casa Blanca, o tal y como lo explicó la propia Priscilla: «Cuando Elvis era un niño siempre soñaba con ser un superhéroe que lucha contra el crimen y salva el mundo. Agent King le permitirá hacer eso».

La última incorporación al universo Elvis ha sido la de los videojuegos como *Gates of Graceland,* un juego lanzado en 2012 por Avanquest Software, que se desarrolla en torno a la premisa de que poco antes de morir Elvis escribió una canción dedicada a su difunta madre y que la escondió en algún rincón de Graceland que los jugadores deben descubrir superando una serie de pruebas. Tampoco ha podido zafarse de protagonizar los clásicos videojuegos de lucha, como *Soul Calibur*, cuyo personaje Maxi está inspirado en la imagen del cantante en sus días de Las Vegas. Otros ejemplos de la presencia del Rey del Rock en el universo de las pantallas y las consolas son *The King*, un videojuego musical de la saga *Pop'n music*, creada por Konami, en 1998, *Rock 'n' roll Adventures*, desarrollado por Data Design Interactive y Conspiracy Entertainmen en 2007 y distribuido por Nintendo, y *Aces Elvis Combie Casino*, un juego de póker virtual.

En el negocio de los grandes espectáculos, El Circo del Sol homenajeó al Rey del Rock con un *show* titulado *Viva Elvis*, en la inauguración del casino Aria Resort de Las Vegas, mientras que los paracaidistas de The Flying Elvis recorren los Estados Unidos con un espectáculo de acrobacias aéreas vestidos con la típica imagen del cantante. Por otra parte, tratándose de un icono superventas, era inevitable que fuese aprovechado por las empresas de publicidad. Durante la campaña de pro-

moción de Nike de cara al Mundial del 2002, grandes figuras del fútbol como Figo, Ronaldo, Ronaldinho y Roberto Carlos realizaron una breve exhibición de sus habilidades al ritmo del tema «A Little Less Conversation». Dos años antes se hizo muy popular otro *spot* en el que un fan e imitador del Rey del Rock se queda tirado en la carretera con su viejo coche de los años setenta y es recogido por una chica en un Audi mientras suena de fondo «King of the Road». Otra versión automovilística es la realizada por Fiat para lanzar una *pick-up* con un *spot* titulado *The Legend*, en el que un doble de Elvis recorre unos estudios cinematográficos al ritmo de «Blue Suede Shoes». Apple usó su imagen para lanzar uno de sus productos con un videoclip en el que varios *impersonators* del cantante se comunican desde distintos puntos del planeta para interpretar «There's Always Me». También la marca holandesa de Cerveza Bavaria usó a Elvis para promocionarse en un anuncio que comparte con otros iconos de la cultura popular como John Lennon, Marilyn Monroe, Tupac, Kurt Cobain y Bruce Lee. Coca-Cola usó su música en su campaña de Navidad de 2009 con una versión del tema «I Can't Help Falling In Love», y otro tanto hizo la marca española de embutidos Campofrío, que en 2019 publicitó sus productos con banda sonora de la canción «Always on my Mind». Ese mismo año, la empresa Tous usó «Love Me Tender» para vender sus joyas.

Cuando Elvis es Dios

La marca de Elvis no sólo se rastrea en la cultura y los negocios, sino que llega también al ámbito de la religión. De sobra es conocida su religiosidad y su búsqueda de una espiritualidad que diese sentido a su vida, pero además, por increíble que pueda parecer, son miles las personas en todo el mundo que rinden culto al Rey del Rock en confesiones religiosas hechas a medida, entre el absurdo, el delirio, el gamberrismo y el fanatismo. Una de las más surrealistas es la Iglesia Presleyteriana, fundada en 1992 por un autotitulado reverendo Mort Farridu a quien su dios se le presentó por primera vez a través de una radio que se encendió espontáneamente para emitir «Don't be Cruel», y por Karl Edwars, quien afirma que Elvis se le apareció en un avión repartiendo cacahuetes. Prometen la juventud eterna en lugar de la vida eterna en el más allá y afirman tener más de 200 seguidores, que siguen 31 mandamientos, que coinciden con los 31 productos que Presley tenía siempre en la nevera y que ellos deben tener siempre a mano. Entre sus obligaciones figura orar mirando a Las Vegas una vez al día y peregrinar a Graceland al menos una vez en su vida. Su credo es: «Defendemos el exceso en la comida, el sexo, los barbitúricos y la diversión constante», y su anticristo Michael Jackson. Su rama australiana, La Primera Iglesia Presleyteriana de Elvis el Divino, fue fundada en 1998 por una tal Ministra Ana y coincide en el nombre con una banda británica que fusiona el acid house con la música country.

   La Universal Life Church (Iglesia de la Vida Universal), con sede en la localidad de Modesto, California, y miles de seguidores en todo el mundo, y que ofrece a todas las personas la ordenación gratuita y libre como ministro de su religión, lo declaró santo y creó en su seno la Church of Elvis (Iglesia de Elvis). Los lugares de adoración al Rey del Rock se extienden por todo el mundo, desde la a capilla dedicada a su memoria en Apache Junction, Arizona, hasta la columna conmemorativa, siempre con ofrendas florales, en la localidad de Bad Nauheim, próxima a la base donde hizo el servicio militar en Alemania, o su venerada estatua en Kobe, Japón. Para los amantes de las teorías conspiranoicas uno de los lugares de peregrinación es una iglesia en Benton, Arkansas, cuyo pastor, Bob Joyce, es considerado por muchos como la personalidad que Elvis adoptó para evitar ser asesinado y llevar una tranquila existencia en un lugar olvidado de todos y poder dar rienda suelta a su fervor religioso. Incluso existe una versión político religiosa del culto a Presley, la Iglesia del Partido Militante Elvis, un partido político del Reino Unido cuyo líder es David Bishop, conocido como lord Biro y que se presentó a las elecciones generales de 2010 en Kettering, una ciudad próxima a Birmingham, en las que obtuvo 112 votos.

Pero más allá de las excentricidades de religiones caricaturescas, es innegable que el Rey del Rock recibe una veneración y es objeto de actos litúrgicos perfectamente comparables a muchas confesiones religiosas, algo palpable en la ceremonia que cada 16 de agosto congrega a miles de personas en Graceland, y que en 1992, el vigesimoquinto aniversario de su muerte, llegó a convocar a 45.000 devotos en una vigilia nocturna con velas, rezos y canciones. El trato de presunta divinidad a la figura de Presley ha sido estudiado por Ted Harrison en su libro *Elvis People, The Cult of the King*, en el que afirma: «El culto, la adoración y la perpetuación de la memoria de Elvis se parece ya mucho a un culto religioso. Lo que ahora es un culto personal, podría ser nada menos que una religión embrionaria». En esa obra se analizan paralelismos entre las tradiciones cristianas y la revisión de

La estatua de Elvis en Kobe, Japón

la historia del cantante, recogiendo por ejemplo, unas declaraciones de Vernon Presley en las que, después de morir su hijo, afirmó que nació en una cabaña de dos habitaciones no más grande que un establo y una misteriosa luz azul apareció alrededor del lugar donde yacía la criatura, en una evidente analogía con el tradicional relato del nacimiento de Jesucristo en Belén. Harrison no es el único en mantener esta teoría, que también apoya John Frow en su obra *Is Elvis, a God?*, en la que analiza la conversión de la fama de las superestrellas en una nueva fórmula de fe religiosa.

Entre julio de 1954, fecha del lanzamiento de «That's All Right», y marzo de 1978, el mes de la salida al mercado de «Unchained Melody», Elvis registró 771 grabaciones y 106 de esos temas se colocaron en el Top 40 de la lista Billboard. Once de sus canciones figuran entre la lista de las 500 mejores de todos los tiempos, de la revista Rolling Stone, y siete fueron incluidas en el Salón de la Fama del Rock and Roll, lo que le coloca en un puesto de máxima relevancia entre los artistas con el repertorio más importante de la historia. Con más de cien singles, 30 EP's, 23 álbumes de estudio, 11 LP's recopilatorios, media docena de discos en directo y casi una veintena de bandas sonoras, la producción discográfica de Elvis Presley es de las más abundantes de la historia del rock. Su repertorio incluye casi todos los géneros de la música popular norteamericana, del blues al góspel, pasando por el country, el ryhthm & blues, las baladas y el pop, llegando a interpretar versiones de música folclórica de origen hispano o italiano. Once temas suyos se encuentran entre las 500 mejores canciones de todos los tiempos según la revista *Rolling Stone*. Su discografía ha sido exhaustivamente estudiada y analizada, lo que puede convertir cualquier listado sobre ella en algo tan manido como reiterativo. Se le atribuye la autoría compartida de una docena de canciones y entre los compositores y arreglistas que trabajaron para él figuran los nombres más destacados de la industria discográfica norteamericana. Según la Recording Industry Association of América consiguió 90 discos de oro, 52 de platino, 25 discos de multiplatino y 53 de sus álbumes superaron el millón de copias. Pero más allá de las frías estadísticas, lo cierto es que su obra —y sobre todo la de los compositores que trabajaron para él— es una de las columnas vertebrales de la historia de la música popular y sus canciones contribuyeron a cambiar para siempre la historia del rock & roll. Ésta es una relación de temas fundamentales para acercarse a su obra, aunque ése sea un inventario siempre sometido al criterio y gusto personal de quien lo elabora.

REPERTORIO BÁSICO PELÍCULAS Y DOCUMENTALES

«That's All Right»
Sun Records, julio de 1954

La canción con la que se dio a conocer el futuro Rey del Rock fue escrita originalmente por el *bluesman* Arthur Crudup, quien la lanzó por primera en 1946 con el título de «That's All Right, Mama». Crudup figura acreditado como autor en el disco de Sun Records junto a Elvis, guitarra y voz, Scotty Moore, primera guitarra, y Bill Black, contrabajo. Sin embargo, el *bluesman* nunca recibió un solo dólar por derechos de autor.

«Good Rockin' Tonight»
1954, Sun Records

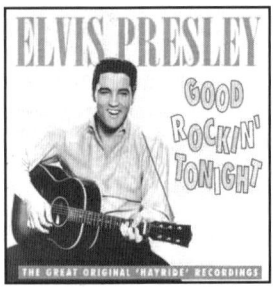

El músico afroamericano Roy Brown, una de las estrellas del rhyhtm & blues, compuso en 1947 esta canción, titulada originalmente «Good Rocking Tonight». Está considerada como uno de los fundamentos del rock 'n' roll y antes de Elvis, fue interpretada por Wynonie Harris, que alcanzaría con ella el primer puesto de las listad de R&B. Fue el segundo lanzamiento de Presley en Sun Records.

«Milkcow Blues Boogie»
1955, Sun Records

Basada en «Milk Cow Blues», del *bluesman* Kokomo Arnold, esta canción se convirtió casi en un himno de rebeldía e independencia juvenil gracias a la reinterpretación rockabilly que Elvis hizo de ella, aunque fue una de las que menos éxito de ventas tuvo durante la etapa del cantante en Sun Records.

«Mystery Train»
1955, Sun Records

Este blues de Junior Parker fue publicado originalmente en 1953 en Sun Records, pero a pesar de su innegable calidad el tema no llegó a situarse en la lista de los *singles* del *Billboard*. Dos años después, Elvis lo grabó como cara B del *single* «I Forgot to Remember to Forget», logrando colocarse en el Top 10 de las listas de country, que hasta el momento se le habían resistido bastante. Desde entonces es uno de los clásicos eternos del cantante de Memphis.

«Heartbreak Hotel»
1956, RCA

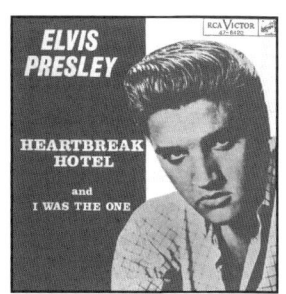

Fue el primer número uno de Elvis. Este blues, compuesto por Mae Boren Axton y Thomas Durden, fue la segunda canción grabada por Elvis en la discográfica RCA Victor, ocupó el primer puesto de la lista de *Billboard* durante diecisiete semanas tras su lanzamiento y fue su primer disco en vender más de un millón de copias. Elvis fue acreditado como coautor tras los cambios que introdujo al grabarla en el estudio.

«I Want You, I Need You, I Love You»
1956, RCA

El segundo número uno de Elvis fue escrito por Maurice Mysels e Ira Kosloff, pero el trabajo final se debe al productor de RCA, Steve Sholes, que lo montó a base de los cortes que más le gustaron de una fallida sesión de grabación de 17 tomas en tres horas, realizada después de que Elvis y su banda hiciesen un catastrófico viaje en avión en medio de una gira, para grabar en los estudios de Nashville.

«Don't Be Cruel»
1956, RCA

Esta canción, escrita por Otis Blackwell, uno de los principales, y a la vez más desconocidos, artistas negros de los primeros tiempos del rock 'n' roll, contribuyó decisivamente en su meteórica escalada a la cima del género, al convertirse junto a «Hound Dog», la cara B del *single*, en el único disco cuyos dos temas llegaron al número uno en las listas de éxitos durante once semanas.

«Love Me Tender»
1956, RCA

Esta adaptación de la balada «Aura Lee», de los tiempos de la Guerra de Secesión, fue grabada para la primera película del cantante, ambientada en el final de aquella contienda. La música original era de George R. Poulton y la letra de W. W. Fosdick, y fueron adaptadas por Vera Matson, el propio Elvis, George R. Poulton y Ken Darby, esposo de Matson, aunque estos últimos no figuran en créditos. La revista *Rolling Stone* la incluyó entre las 500 mejores canciones de todos los tiempos.

«Hound Dog»
1956, RCA

Este blues escrito por Jerry Leiber y Mike Stoller, en cuya letra original una mujer reprende a su hombre, un egoísta y explotador, se había convertido en 1953 en el mayor éxito de la *blueswoman* Big Mama Thornton, con más de medio millón de copias vendidas. La versión grabada por Elvis en julio de 1956 se convirtió en un emblema del incipiente rock 'n' roll y es uno de los *singles* más vendidos de la historia.

«Blue Suede Shoes»
1956, RCA

Este famosísimo rock 'n' roll fue compuesto por Carl Perkins a partir de una sugerencia de Johnny Cash durante una gira que ambos compartían con Elvis. Perkins la publicó en enero de 1956 y con ella consiguió la fama y le disputó el primer puesto en las listas a «Heartbreak Hotel», de Presley, pero en marzo tuvo un accidente que le dejó fuera de la música durante todo un año, mientras Elvis y Eddie Cochran grababan sendas versiones del tema, convirtiéndolo en una canción legendaria.

«Jailhouse Rock»
1957, RCA

Escrita por Jerry Leiber y Mike Stoller, esta canción se convirtió en uno de los mayores éxitos del rey, en buena medida gracias a su inclusión en la película homónima, en una memorable escena de baile coreografiada por el propio Elvis, que algunos consideran como un antepasado directo de los videoclips musicales. Fue uno de los primeros temas interpretados por los Beatles cuando aún se llamaban The Quarrymen.

«All Shook Up»
1957, RCA

Según el historiador musical Peter Guralnick, Otis Blackwell escribió la canción basándose en una idea de Elvis. Sin embargo, el músico y actor David Hess siempre reivindicó la autoría del tema, que grabó para Aladdin Records con el título «I'm All Shook Up». Un mes después de que Elvis la lanzase se aupó al primer puesto del Billboard Top 100 durante ocho semanas. También fue el primer disco del cantante en llegar al número uno del Billboard R&B y de las listas de música country.

«(Let Me Be Your) Teddy Bear »
1957, RCA

Grabada para la banda sonora de la segunda película de Elvis, Loving You, fue escrita por Kal Mann y Bernie Lowe y logró el primer puesto en la lista de los más vendidos de R&B, Ha sido versionada por múltiples artistas a lo largo de la historia, entre ellos Johnny Hallyday («Ton Petit Ours En Peluche»), Laurel Aitken, en una adaptación al ska, Paul McCartney and Wings, en una grabación de 1980 que sigue inédita o The Residents, en un controvertido disco homenaje.

«Too Much»
1957, RCA

Escrita por Bernard Weinman y Lee Rosenberg, esta canción fue grabada por el pianista Bernard Hardison dos años antes de que Elvis la interpretase por primera vez en el *show* de Ed Sullivan, de la cadena de televisión CBS, convirtiéndola en un éxito de ventas que contribuyó a auparlo definitivamente al estrellato.

«Hard Headed Woman»
1958, RCA

Este tema, con estructura de blues de 12 compases, fue compuesto para la banda sonora de la película *King Creole*, por Claude Demetrius, un compositor afroamericano que creó numerosas canciones para Gladys Music, la compañía que tenía derechos exclusivos de publicación de la música de Elvis Presley y que fue responsable de muchos de los éxitos del Rey del Rock.

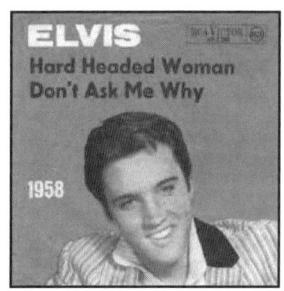

«Don't»
1958, RCA

Otra exitosa balada creada por los compositores Jerry Leiber y Mike Stoller, que le supuso al cantante su undécimo número uno en las listas de los discos más vendidos y el número 3 en el *Billboard* de ese año. El *single* original, que lleva el tema «I Beg Of You» en la cara B, se ha convertido en una preciada pieza de coleccionismo musical.

«(Now and Then, There's A Fool) Such As I»
1958

Esta balada de estilo country fue compuesta por Bill Trader en 1952 y se convirtió en éxito al año siguiente interpretada por Hank Snow. La versión de Elvis, de ritmo más acelerado y grabada en Nashville durante un permiso en el servicio militar, salió como cara B del *single* «I Need Your Love Tonight», y acabó llegando al segundo puesto de las listas.

«One Night»
1958, RCA

Smiley Lewis, una de las figuras del rhythm and blues de Nueva Orleans, a pesar de que la fortuna no acompañó las ventas de sus discos, se había colocado en lugares destacados de las listas del *Billboard* con esta canción, dos años antes de que Elvis lanzase su versión, después de vencer las reticencias por su provocativa letra, en la que cambió la estrofa principal «Una noche de pecado es lo que ahora estoy pagando» por «Una noche contigo es por lo que ahora estoy orando».

«A Big Hunk O 'Love»
1959, RCA

Grabada con ocasión de un permiso de Elvis durante su estancia en el ejército –de hecho, sale de uniforme en la portada del *single*– esta canción es la primera en la que no está respaldado por el guitarrista Scotty Moore y el contrabajista Bill Black, su banda base en Sun Records, y también la primera que canta con The Jordanaires, el cuarteto vocal que le acompañaría hasta 1972. Fue compuesta por Sidney Wyche y Aaron Schroeder y encabezó la lista del *Billboard* Hot 100 durante dos semanas.

«It's Now Or Never»
1960, RCA

Con 20 millones de copias es uno de los *singles* más vendidos de Elvis, es una versión de «O Sole mio», la famosa canción napolitana escrita en 1898 por Giovanni Capurro. Durante su servicio militar en Alemania, el cantante se enamoró de la versión que había popularizado Toni Martin en Estados Unidos, en 1949, y pidió a su editor musical, Freddy Bienstock, que preparase una versión, algo de lo que se encargaron Aaron Schroeder y Wally Gold.

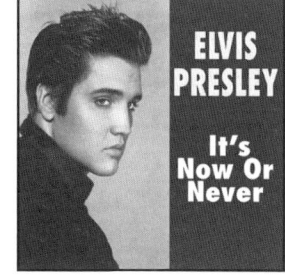

«Are You Lonesome Tonight?»
1960, RCA

Este blues romántico escrito por Roy Turk y Lou Handman en 1926 se había convertido en un éxito en la voz de Vaughn De Leath, una cantante muy popular a finales de los años veinte. Elvis la grabó durante su estancia en el ejército por sugerencia de su representante, Tom Parker, cuya esposa tenía el tema como su canción favorita. Fue un éxito rotundo se aupó al primer puesto de la lista de singles del Billboard.

«Stuck On You»
1960, RCA

Sólo quince días después de abandonar el ejército, Elvis entraba en el estudio para grabar este tema escrito para él por Aaron Schroeder y J. Leslie McFarland, y que se convirtió en su primer *single* número uno de la recién estrenada década de los sesenta. La discográfica realizó un lanzamiento por todo lo alto, saludando en la carátula del disco el regreso del cantante como: «La primera nueva grabación de Elvis para sus 50.000.000 de fans en todo el mundo».

«Surrender»
1961, RCA

Se trata de una versión de la canción melódica napolitana «Torna a Sorrento», habitual en los repertorios de los tenores, desde Enrico Caruso hasta Luciano Pavarotti. De la adaptación se encargaron Doc Pomus y Mort Shuman, Elvis la interpretó en uno de sus primeros sencillos después de firmar con el sello RCA Victor.

«(Marie's the Name of) His Latest Flame»
1961

Escrita por Doc Pomus y Mort Shuman, grabada primero por Del Shannon, que la lanzó al mercado dos meses antes que Elvis, cuya versión se impuso por la contundencia de su ritmo, que recordaba al estilo de Bo Didley. La canción ha sido grabada por bandas de rock de todo tipo, desde Scorpions hasta The Smiths, pasando por El Vez, el émulo mexicano del rey.

«Can't Help Falling in Love»
1961, RCA

Inspirada en el poema francés del siglo XVIII, *Plaisir d'amour*, de Jean Paul Égide Martini, esta canción la compusieron George David Weiss, Hugo Peretti y Luigi Creatore, y la interpretó Elvis por primera vez en la película *Blue Hawaii*; un año después sería disco de oro.

«Little Sister»
1961, RCA

Esta canción, creada por Doc Pomus y Mort Shuman, dio lugar a un juego musical entre Elvis y la estrella del ryhthm & blues, LaVern Baker. En la letra cantada por Presley se aludía a Jim Dandy, el titulo de un famoso tema de LaVern, que un mes después grabó un tema de respuesta, «Hey, Memphis», con la misma melodía y distinta letra.

«Return To Sender»
1962, RCA

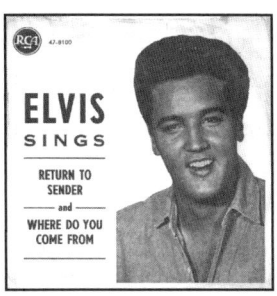

Este tema que habla de la negativa de un individuo a aceptar que la relación con su chica ha terminado, a pesar de que ella le devuelva una y otra vez sus cartas de amor, fue escrita por Winfield Scott y Otis Blackwell e interpretada por Elvis en *Girls! Girls! Girls!*, una de sus típicas comedias musicales. Se convirtió en un éxito inmediato al colocarse en el segundo puesto del *Billboard*.

«(You're The) Devil In Disguise»
1963

Compuesta por Bill Giant, Bernie Baum y Florence Kaye, esta canción alcanzó rápidamente el tercer puesto en Estados Unidos, pero en Inglaterra llegó al primer puesto en una sola semana. A pesar de haberse declarado un admirador de Elvis, John Lennon afirmó en un programa de la BBC que tenía la sensación de que el Rey del Rock sonaba en esta canción como una especie de Bing Crosby.

«Viva Las Vegas»
1964, RCA

Compuesta para la película homónima por Doc Pomus y Mort Shuman, esta canción se ha convertido en uno de los temas más universalmente conocidos de Elvis, aunque su éxito inicial se debió sobre todo a la notoriedad y difusión del film. En 2002, la ciudad de Las Vegas quiso convertirla en su canción oficial pero no lo logró por desacuerdos en la negociación con Elvis Presley Enterprises, la empresa que maneja la herencia del cantante.

«Crying in the Chapel»
1965, RCA

Esta canción religiosa grabada en 1953 por Darrell Glenn y escrita por su padre, Artie Glenn, no tuvo la fortuna que merecía en sus primeros lanzamientos, en parte debido a su excesiva duración para ser editada en *single*. Elvis la grabó en 1960, pero no se quedó satisfecho y el tema permaneció guardado durante cinco años, hasta que se

lanzó en un EP de cuatro canciones y se convirtió en el primer disco que vendía un millón de copias desde «Return to Sender», de 1962.

«Where No One Stands Alone»
1967, RCA

Una canción escrita por Mosie Lister, cantante y ministro de la Iglesia baptista, miembro de los Melody Masters y los Statesmen, dos celebres cuartetos de góspel de los años cuarenta y cincuenta. La canción está incluida en el segundo álbum de Elvis dedicado al góspel. En una versión comercializada en 2018, canta acompañado de forma virtual por su hija Lisa Marie Presley.

«A Little Less Conversation»
1968, RCA

Fue escrita por Mac Davis y Billy Strange para la película *Live a Little, Love a Little* y se lanzó como cara B de un *single*, sin obtener unos resultados relevantes. Curiosamente, la canción llegaría al número uno de las listas de éxito en 2003, en una versión remix electrónica del DJ Junkie XL.

«If I Can Dream»
1968, RCA

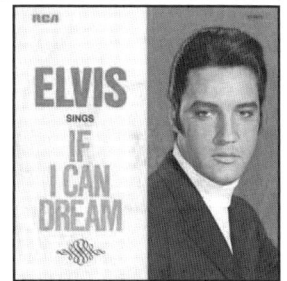

Escrita por Walter Earl Brown después del asesinato de Martin Luther King, guarda un evidente paralelismo con el discurso I Have a Dream, pronunciado por el líder de la lucha por los derechos civiles en 1963, en Washington. El coronel Parker objetó que no era idónea para Elvis, pero éste replicó con su famosa frase «Nunca voy a cantar otra canción en la que no crea. Nunca voy a hacer otra película en la que no crea». El tema fue un éxito inmediato.

«Memories»
1969, RCA

Esta canción que mira al pasado fue compuesta especialmente por Billy Strange y Mac Davis para el especial de televisión de la cadena NBC que marcó el regreso de Elvis al mundo de la música tras su etapa en Hollywood. Salió al mercado como cara B del *single* «Charro», colocándose en el puesto 35 del *Billboard*.

«Suspicious Minds»
1969, RCA

La canción que devolvió a Elvis a los primeros puestos de las listas de ventas tras el programa especial de televisión *Elvis*, conocido como *68 Comeback Special*, fue compuesta y grabada originalmente por Mark James, aunque en esa primera versión pasó prácticamente inadvertida. Para *Rolling Stone* es uno de los mejores temas de todos los tiempos. Tiene el triste honor de ser la última canción número uno del cantante.

«In The Ghetto»
1969, RCA

Titulada originalmente «The Vicious Circle», esta canción compuesta por Mac Davis se convirtió en el emblema del regreso de Presley en 1969, tras su larga etapa como actor en Hollywood, y formó parte fundamental del repertorio de sus actuaciones en vivo en Las Vegas. Su letra habla de un niño condenado al hambre la marginación y el delito en el gueto de Chicago y es la canción con más contenido social de todas las que interpretó Elvis.

«Burning Love»
1972

Esta canción, compuesta por Dennis Linde, fue lanzada por Arthur Alexander, un cantante de southern soul, seis meses antes de que saliese al mercado la versión de Elvis, que la interpretó por primera vez durante la gira de primavera de 1972, base del documental *Elvis on Tour*. Se convirtió en su tema de más éxito después de «Suspicious Minds», dos años antes, y fue el último *hit* del Rey del Rock en el Top 10 de la lista de éxitos American Hot 100.

«Unchained Melody»
1978, RCA

Compuesta en 1955 por Alex North y Hy Zaret, ha tenido cerca de 500 versiones, pero la más conocida es sin duda la de los Righteous Brothers. Elvis la interpretó el 21 de junio de 1977 en un concierto en Dakota del Sur, en lo que se considera su despedida de los escenarios, ya que moriría cincuenta y siete días después. Se lanzó en un *single* póstumo en marzo de 1978 con «Softly, As I Leave You» en la cara B.

DOCUMENTALES Y PELÍCULAS SOBRE ELVIS

Más allá de su faceta como actor, la figura de Elvis Presley ha tenido una enorme proyección en la pantalla, tanto como objeto de estudio biográfico, ya sea a través de biopics o de documentales, como personaje que inspira una trama alrededor de su figura humana y artística. Con Elvis de por medio se han hecho dramas, policiales, comedias y producciones de todo tipo y condición. Este es un resumen de aquellos filmes que nos acercan, desde uno u otro ángulo, a la figura del Rey del Rock.

Elvis: That's the way it is

Documental de MGM, grabado durante sus actuaciones en la temporada de verano de 1970 en Las Vegas. Proporciona una completa visión del regreso de Elvis a las actuaciones en vivo, tras los años de Hollywood.

Elvis

Película biográfica para la cadena de televisión ABC, dirigida por John Carpenter en 1979, con Kurt Russell interpretando a Presley y Shelley Winters como su madre, Gladys.

This is Elvis

Documental dirigido en 1981 por Malcolm Leo y Andrew Solt, que realiza un recorrido por la vida del cantante, apoyado en imágenes de archivo, fotos, conciertos y programas de televisión.

Elvis '56

Una producción documental de 1987, dirigida por Alan y Susan Raymond, que se centra en el año en el que el cantante pasó de estrella local de Memphis, a ídolo del rock en todos los Estados Unidos, al firmar su contrato con la RCA.

Heartbreak Hotel

Una ficción de 1988, dirigida por Chris Columbus para Disney, con la historia de un chaval que secuestra a Elvis para llevarlo a que conozca a su madre, que atraviesa difíciles circunstancias.

Mystery Train

Una película de culto, que narra la historia de pareja de jóvenes japoneses que viaja a Memphis para conectarse con el espíritu de Elvis, dirigida por Jim Jarmusch en 1989.

Finding Graceland

Una road movie dirigida por David Winkler en 1998, en la que un personaje asegura ser el verdadero Elvis y señalando que el que está enterrado en Graceland es un doble.

Elvis: Los Primeros Años

Miniserie de televisión del año 2005 sobre los primeros tiempos de la carrera de Elvis, desde sus orígenes humildes a su conversión en Rey del Rock, interpretada por Jonathan Rhys Myers.

El último Elvis

Producción argentino-estadounidense dirigida en 2012 por Armando Bó Jr. Un hombre que afirma ser la reencarnación de Elvis y que se gana la vida imitándolo, se enfrenta a la contradicción de su vida al tener que encargarse de su hija, llamada Lisa Marie.

Elvis: the Rebirth of The King

Documental producido en 2017 por la BBC, que se centra el renacimiento musical de Elvis tras empezar su nueva etapa como cantante en Las Vegas a partir de 1969.

The King: Elvis Presley

En 2017 el director Eugene Jarecki, montado en un Rolls Royce Silver Cloud de 1963, que en su día fue del propio Elvis, recorrió Estados Unidos entrevistando a músicos y figuras del espectáculo, para dar una visión de la historia de Elvis en relación a la del propio país.

Elvis Presley: The Searcher

Documental producido por HBO en 2018, que tres años después fue reemitido por Netflix con el título de *Elvis Presley, el rey del rock and roll*. En tres horas y media, divididas en dos partes, repasa con precisión su auge y su ocaso.

Elvis

La más ambiciosa de las biografías sobre Elvis se estrena en 2022, con la dirección de Baz Luhrmann, con Austin Butler como Elvis y Tom Hanks dando vida al Coronel Parker, en torno a cuya relación personal gira la película.

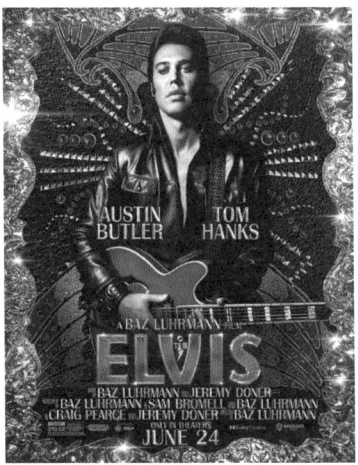

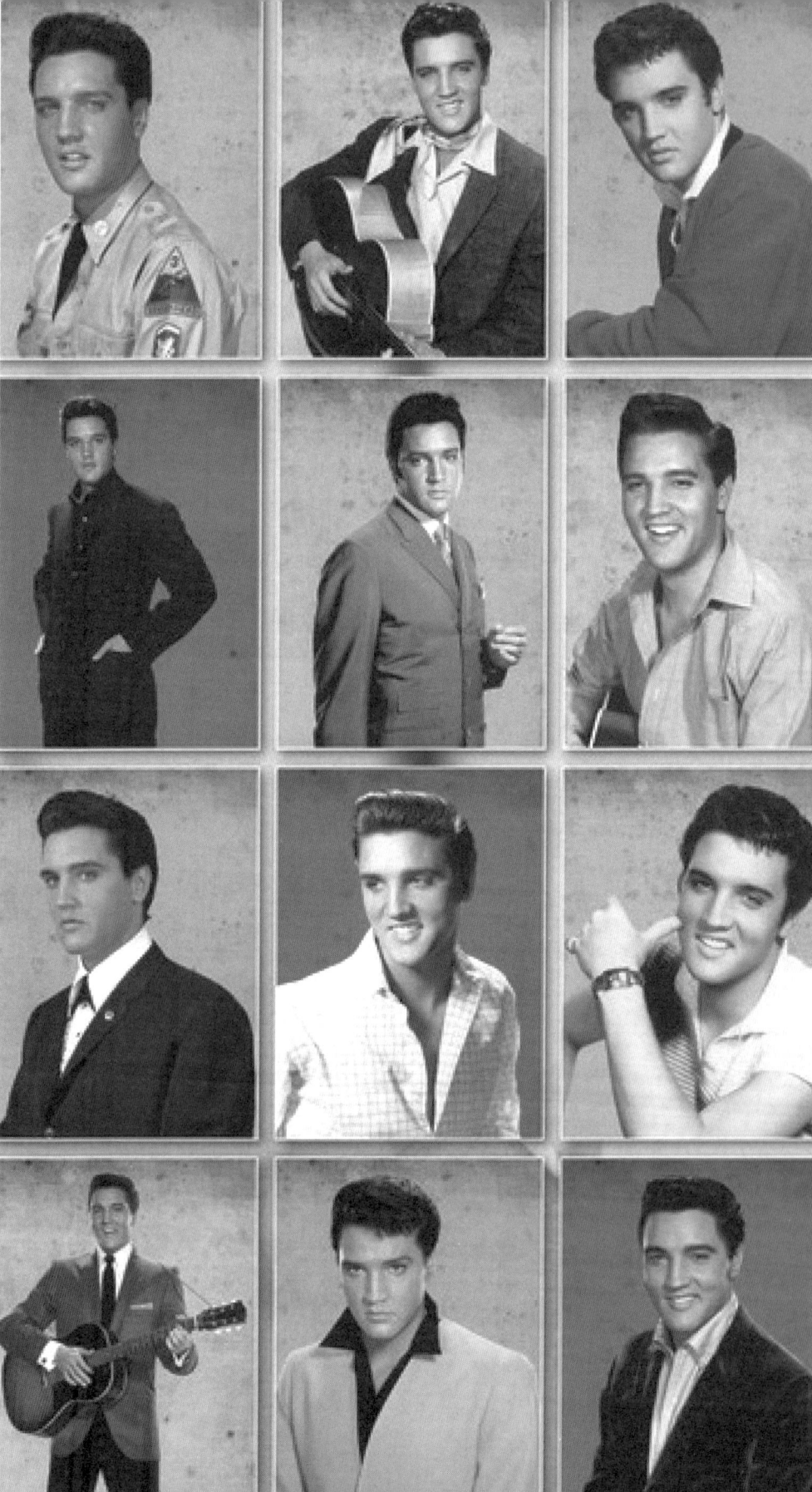

BIBLIOGRAFÍA

Alden, Ginger, *Elvis et Ginger L'histoire de la fiancée et le dernier amour d'Elvis Presley*, Éditions AdA, Quebec, 2016.

Beaulieu Presley, Priscilla, *Elvis y yo*, Javier Vergara Editor, Buenos Aires, 1987.

Bensam, Joe, *Elvis Exposed: The Amazing Life and Tragic Death of the King of Rock 'n Roll*, CreateSpace-Amazon, 2014.

Bertrand, Franck, *Elvis Presley*, France-Empire, Paris, 2012.

Connolly, Ray, *Ser Elvis. Una vida solitaria*, Alianza Editorial, Madrid, 2021.

Henrichs, Bertina, *That's all right, mama*, Alianza Editorial, Madrid, 2010.

Hopkins, Jerry, *Elvis. The Biography*, Plexus Publishing, London, 2007.

Farren, Mick y Marchbank, Pearce, *Elvis in His Own Words*, Omnibus Press, London, 1978.

Flowers, Clare, *The World According To Elvis*, Michael O'Mara Books, London, 2003.

Fraga, Gaspar, *Elvis Presley*, Jucar Colección Los Juglares, Gijón, 1996.

Hoedel, Sally A., *Elvis: destined to die young*, Elvis Author, 2020.

Izquierdo, Eduardo, *Elvis. El regreso*, Lenoir, Girona, 2018.

Jurado. Miquel. *Elvis Presley*, Editorial Salvat. Barcelona, 1990.

Jurado, Miquel y Morancho, David, *Elvis, El origen* (1953), Discmedi, Barcelona, 2008.

Jurado, Miquel y Morancho, David, *Elvis Presley.1953 el origen* (Cómic + 2 CDs), Discmedi, Barcelona, 2009.

Klein, George y Crisafulli, Chuck, *Elvis: My Best Man*, Virgin Books, London, 2010.

López Martínez, Andrés, *Elvis Presley*, Editorial Cátedra, Madrid, 1999.

Manzano, Alberto, *Elvis Presley. Canciones*, Editorial Fundamentos, Colección Espiral, Madrid, 1998.

Márquez, Javier, *Elvis. Corazón solitario*, Almuzara, Córdoba, 2007.

Mason, Bobbie Ann, *Elvis Presley*, Penguin Random House, Barcelona, 2003.

Moreu, David, *Un aplauso para el astronauta* (entrevista a George Klein), Sílex, Madrid, 2020.

Olías, Juan Antonio, *Elvis, Estrella de Fuego. El mito del Rock & Roll en Hollywood*, Diábolo Ediciones, Madrid, 2015.

Ponce de Leon, Charles L., *Fortunate Son. The Life Of Elvis Presley*, Hill and Wang, New York, 2006

Blogs, webs y radios

Albajara, Ana.
www.detupeloamemphis.com
Botella Armengou. Miquel,
https://ciudadcriolla.com
Club Elvis,
http://blog.clubelvis.org
Valenzuela, Javier, *La Hora Elvis*, Ràdio Ciutat Vella,
www.ivoox.com/hora-elvis
Página oficial de Graceland,
https://www.graceland.com
Página oficial Elvis the Music,
https://www.elvisthemusic.com/

Playlist Spotify

Si quieres escuchar algunas de las canciones más significativas que aparecen en este libro puedes acudir a este link que te conducirá a ellas:

En la misma colección:

Descubre a través de este código QR
todos los libros de Ma Non Troppo - Música